Schätze aus Wald und Flur

Elisabeth Manke

Schätze aus Wald und Flur

Ein Sammelbuch für Kinder

Verlag für die Frau · Leipzig

Illustrationen von Frank Geisler

Manke, Elisabeth:
Schätze aus Wald und Flur:
e. Sammelbuch für Kinder / Elisabeth Manke.
Ill. von Frank Geisler. –
2. Aufl. – Leipzig : Verlag für die Frau, 1989. –
128 S. : Ill. (farb.)
ISBN 3-7304-0162-9

© Verlag für die Frau, DDR Leipzig 1988
2. Auflage 1989
Alle Rechte vorbehalten
Einband und Typografie: Frank Geisler
Druckgenehmigungsnummer: 126/405/47/89
Satz und Reproduktion: Grafischer Großbetrieb Sachsendruck Plauen
Printed in the German Democratic Republic
LSV 7851 · Best.-Nr. 672 532 2
01680

Inhalt

1. Kapitel		Geschützte Natur	Seite 6
2. Kapitel		Diese Beeren eß ich gern	Seite 14
3. Kapitel		Vorsicht Giftpflanzen!	Seite 40
4. Kapitel		Kräuter zum Essen und Trinken	Seite 50
5. Kapitel		Auf Pilzsuche	Seite 82
6. Kapitel		Früchte des Herbstes	Seite 98
7. Kapitel		Kleines botanisches ABC	Seite 108
8. Kapitel		Basteln, raten und singen	Seite 114

Geschützte Natur

Bei jeder Wanderung, jedem Streifzug durch Wald und Flur begegnet dir auf Schritt und Tritt eine Fülle pflanzlichen und tierischen Lebens. Ohne die Freude an der uns umgebenden Natur wäre unser Leben recht arm. Deshalb ist es wichtig, Pflanzen und Tiere zu schützen.

Auch du kannst dabei mithelfen. Niemand will dir verbieten, voll Freude ausgelassen im Wald und auf der Wiese herumzutollen, aber bewege dich mit Aufmerksamkeit und achte jedes Lebewesen, lerne die Pflanzen und Tiere deiner Heimat kennen, studiere ihre Lebensweise. Nur so kannst du mithelfen, die Natur in ihrer ganzen Schönheit uns allen zu erhalten. Menschen, Tiere und Pflanzen sind stets voneinander abhängig. In sehr vielfältiger Form ist unser Leben mit den Pflanzen verbunden. Beinahe zu jeder Mahlzeit – denk mal darüber nach – nimmst du pflanzliche Produkte zu dir: Mehl, Kartoffeln, Obst und Gemüse. Und ist nicht auch das Fleisch, das wir essen, letztlich auf die Pflanzen zurückzuführen, mit denen die Rinder und Schweine, die Hühner und Enten gefüttert werden?

Die Bäume der Wälder liefern uns das Holz. Doch nur zwei Drittel des Bedarfes in unserem Land können wir aus eigenen Beständen decken. Deshalb ist es z. B. besonders wichtig, altes Papier nicht zu verbrennen oder in den Müll zu werfen, sondern zum Altpapieraufkauf zu bringen.

Wußtest du, daß in den vergangenen Jahren fast drei Millionen Bäume nicht gefällt wurden, weil ihr Holzanteil aus Altpapier bestritten werden konnte? Ist das nicht eine Riesenmenge?

Viele Pflanzen unserer Wiesen und Wälder besitzen wichtige heilende Stoffe, die zur Herstellung von Arzneimitteln dringend gebraucht werden. Zu all dem kommt noch etwas Wichtiges hinzu:

Mit Hilfe des in den Blättern enthaltenen Chlorophylls (↗ Botanisches ABC) ernähren sich die Pflanzen aus dem Kohlendioxid der Luft. Sie nehmen die Energie des Sonnenlichtes auf und nutzen das Wasser des Bodens. In diesem Prozeß geben sie eine Menge Sauerstoff ab, ohne den aber Menschen und Tiere nicht leben könnten. Zum Beispiel liefert eine hundertjährige Buche den Sauerstoff für zehn Menschen.

Ein Teil des von den Wurzeln aufgenommenen Wassers wird als Wasserdampf wieder

abgegeben. Dadurch beeinflussen die Pflanzen Luftfeuchtigkeit, Wetter und Klima. Ein dichter Blätterwald kann hier schon allerhand leisten. So gibt ein großer Baum (mit etwa 200 000 Blättern) täglich 50 Liter Wasserdampf an seine Umgebung ab. Deshalb ist es auch in dichten Laubwäldern stets kühler und feuchter als auf dem freien Feld.

Pflanzen sind auch Staubfilter. Dich wird überraschen, daß ein Hektar Laubwald jährlich bis zu 80 Tonnen Staub binden kann.

In Jahrhunderten wurde das Gesicht unserer Landschaft durch den Menschen wieder und wieder verändert. Manche dieser Umgestaltungen und Eingriffe haben das ausgewogene Verhältnis unserer Pflanzen- und Tierwelt gestört.

Wir sollten sorgsam mit der Natur umgehen. Denn auch unsere Enkel und Urenkel sollen in den Genuß all der Schönheiten und Reichtümer gelangen, die uns die Natur schenkt. Für das Leben der Menschen ist die Erhaltung der Natur ebenso wichtig wie die weitere Entwicklung der Technik. Beides muß im rechten Verhältnis zueinander stehen.

Sicherlich hast du schon einmal das rote Eichhörnchen mit dem flammenden Schwanz auf Schildern und Plakaten gesehen. Es warnt vor Waldbränden. Wie geschwind sich das Feuer in regenarmen Sommerwochen ausbreitet, kannst du dir gar nicht vorstellen. Überall findet es trockene Nahrung, alles ist brennbar: das Gras, die Sträucher, die Bäume. Ein Waldbrand bedeutet für Tiere und Pflanzen eine Katastrophe, weil er ihnen alle Lebensgrundlagen zerstört. Deshalb beachte die Warnstufen, die in den Waldeingängen ausgeschildert sind. Im Ferienlager werdet ihr vielleicht ein Lagerfeuer anzünden. Denkt ihr daran, einen breiten Sandstreifen ringsherum zu schaffen? Auch sollte es windstill sein, damit der Wind keine Funken auf die nahen Bäume wehen kann. Und daß du eine

Nachtwanderung nicht mit Kerze oder Streichhölzern antrittst, weißt du sicherlich. Solltest du Rauch oder gar Feuer im Wald entdecken, alarmiere sofort den nächsten Erwachsenen, den Förster, einen Waldarbeiter oder die Polizei. Es kommt auf jede Minute an! Deshalb steht dieses Kapitel am Anfang des Buches: Verhalte dich danach, und gib deine Kenntnisse und Erfahrungen an deine Geschwister und Freunde weiter.

Unsre Heimat

Unsre Heimat, das sind nicht nur die Städte und Dörfer,
unsre Heimat sind auch all die Bäume im Wald.
Unsre Heimat ist das Gras auf der Wiese,
das Korn auf dem Feld
und die Vögel in der Luft
und die Tiere der Erde,
und die Fische im Fluß sind die Heimat,
und wir lieben die Heimat, die schöne,
und wir schützen sie,
weil sie dem Volke gehört,
weil sie unserem Volke gehört.

Worte: *Herbert Keller*
Musik: *Hans Naumilkat*

Im Zeichen der Eule

Ist dir schon einmal beim Spaziergang in Wald oder Park ein gelbes Schild aufgefallen? Auf ihm ist die Waldohreule abgebildet, das Symbol für jene Pflanzen, Tiere, Naturdenkmale, Landschaften, Moore oder Parks, die unter Naturschutz stehen.

Viele Pflanzen und Tiere sind vom Aussterben bedroht. Sie zu schützen ist eine wichtige Aufgabe für den Menschen. Du darfst die so gekennzeichneten Pflanzen nicht beschädigen oder gar herausreißen. Jede Pflanze und jedes Tier hat seine Aufgabe im Kreislauf der Natur zu erfüllen. Fehlt nur eine Pflanzenart in einer bestimmten Lebensgemeinschaft, verändert sich das Verhalten der von ihr abhängigen Lebewesen. Das wiederum kann ganze Biotope (↗ Botanisches ABC) von Grund auf umgestalten.

Ein Beispiel aus der Tierwelt mag dir dies verdeutlichen: Der Frosch braucht zum Leben und Fortpflanzen kleine, mit Pflanzen ausgestattete Wasserflächen. Findet er sie nicht mehr, kann er sich in den Gebieten nicht weiter halten. Und der Storch, der sich mit Vorliebe von Fröschen ernährt und sumpfige Wiesen liebt, bleibt aus, weil er auch keine Nahrung für sich und seine Nachkommen findet. Und die Folge? Auf unseren Feldern können Mäuse, größere Insekten, Schnecken und Würmer überhand nehmen; denn der Storch gehört zu ihren natürlichen Feinden. Der Storch steht heute ebenso unter Naturschutz wie der Laubfrosch. Verstehst du nun, warum es auf jedes, noch so unbedeutend erscheinende Lebewesen in unserer Umwelt ankommt?

Nur noch sehr selten wirst du vielleicht einmal beim Beeren- oder Pilzesammeln auf ein ganz anderes, ebenfalls geschütztes Tier treffen: die Kreuzotter. Sie ist in unserem Land die einzige Giftschlange. Doch keine Angst, sie ist sehr scheu. Außerdem hat sie ein feines Empfinden für Bodenerschütterungen, schon das Springen eines Frosches registriert sie aus großer Entfernung und zieht sich flink zurück. Solltest du doch einmal aus Versehen auf eine sich sonnende Schlange getreten sein, und sie hat dich gebissen, so versuche, schnellstens Hilfe zu holen. Die Bißstelle muß ruhiggestellt werden, sie oberhalb abschnüren darfst du nicht länger als eine Stunde. Schau auf die Uhr!

Wie aber verhältst du dich, wenn du eine Schlange siehst? Auf gar keinen Fall solltest du versuchen, sie zu töten. Ziehe dich vorsichtig und langsam zurück, berühre sie nicht – denn sie hat mehr Angst vor dir als du vor ihr. Eines aber beachte immer: Gehe niemals barfuß durch den Wald oder die Heide, ziehe immer feste Schuhe an und tritt fest auf. Dann wird dir nichts passieren.

Ein Naturlehrpfad, wie er in manchen Gegenden vorhanden ist, hilft dir, unsere einheimische Pflanzenwelt kennenzulernen. Auf Tafeln sind die Pflanzen abgebildet und mit Namen und Bedeutung genannt. Rege in deiner Schule an, solche Tafeln anzubringen.

Alle Vögel sind schon da

Du meinst, in einem Pflanzen-Sammelbuch hat ein Abschnitt über Vögel nichts zu suchen? Da irrst du dich aber! Wenn du die vorherigen Seiten gelesen hast, weißt du, daß alle Lebewesen voneinander abhängen. Und die Vögel haben eine besonders enge Bindung zu den Pflanzen. Sie bauen in Sträuchern, auf Bäumen und in Grasbüscheln ihre Nester und ernähren sich auch von Beeren, Früchten, Samenkörnern und Blättern. Und umgekehrt befreien die Vögel die Pflanzen in Wäldern, auf Wiesen und im Garten von schädlichen Insekten und sorgen außerdem für die Verbreitung von Pflanzensamen. Die Vögel vertilgen einen Teil jener Insekten, der sich besonders zahlreich vermehrt, und stellen so das biologische Gleichgewicht wieder her.

Du erkennst die Pflanzen, die eine Bedeutung für die Vögel haben, in den folgenden Kapiteln am Zeichen „Vogel".

Hast du schon einmal im Frühling zu früher Morgenstunde einem vielstimmigen Vogelkonzert gelauscht? Dann möchtest du auf dieses Erlebnis gewiß nicht verzichten!

Vögel sind so interessante und reizvolle Lebewesen, daß es nicht zu verzeihen ist, wenn jemand mutwillig in ihr Leben eingreift. Ihr Reichtum an Farben und Formen, ihr Gesang und ihr bewegliches Treiben fesseln uns immer wieder. Beobachte ihren Flug! Mühelos scheinen sich selbst die größten

Vögel von der Erde zu erheben. Mit welcher Meisterschaft nutzen sie Luftströme aus! Mit instinktiver Sicherheit entfliehen die Vögel den Unbilden unseres Winters über Kontinente hinweg und kehren doch im nächsten Frühjahr wieder an ihren alten Brutplatz zurück. Noch immer gibt der geordnete Vogelzug im Herbst den Wissenschaftlern Rätsel auf. Daß die Vögel den Brutplatz in unserer Heimat unbeschädigt vorfinden, kann auch dein Verdienst sein.
Bei deinen Wanderungen im Wald solltest du besonders im Frühsommer vorsichtig sein, wenn die Vögel Eier legen. Gehe nicht zu nahe an ein Vogelnest heran. Es könnte sonst passieren, daß die Eltern dann nicht mehr zum Nest zurückkehren, so daß die Vogelkinder verhungern müssen.
Schütze unsere Vögel auch vor anderen Gefahren. Wildernde Katzen werden zum Beispiel vom Gepiepse der Jungvögel angelockt. Hilf den Kleinen dann mit einer Katzensperre!

Katzensperre
Eine Katzensperre solltest du an den Orten anbringen, wo du wildernde Katzen vermuten kannst: zum Beispiel an Stadt- und Dorfrändern, in Parkanlagen oder auch in einem Garten. Natürlich nur an den Bäumen, auf denen sich ein Vogelnest befindet. In einer Höhe von ein bis zwei Metern bindest du einen Strauß dornige Zweige mit den Spitzen nach unten ganz fest um den Stamm. Die Katze kommt nicht hindurch, und das Nest bleibt für sie unerreichbar.

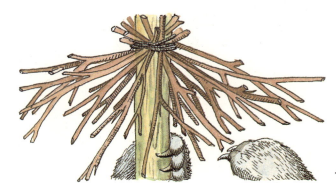

Nistquirl

Nicht immer finden die Vögel gute Nistgelegenheiten. Oft sind die Sträucher mit ihren dünnen Ästen zu schwach, um ein Nest zu tragen. Du kannst den Vögeln einen Nistquirl bauen. Binde in jungen Hecken am Feldrain einfach mehrere Äste zusammen und lege in ihre Mitte ein Häufchen Heu. Beobachte nach einigen Tagen aus der Ferne, ob sich ein Vogelpärchen dort ein Nest baut.

Und falls ihr einen Garten habt, sorge für eine *Vogeltränke*. Ein Schüsselchen, stets mit Wasser gefüllt, an einen ruhigen Platz gestellt, erfüllt voll und ganz diesen Zweck. Sammle schon im Sommer Samenkörner für dein Winterfutterhäuschen, zum Beispiel Sonnenblumenkerne.

Vielleicht solltest du mit deinen Freunden versuchen, die Vögel an ihrem Ruf zu erraten? Wer die meisten erkannt hat, bekommt einen Preis. Schreibe auf, wann du welche Vögel in eurem Heimatkreis gesehen hast!

Die Amsel singt

Die Amsel singt, die Drossel schlägt,
der Kuckucksruf erschallt,
von den Bienen ist die Luft bewegt,
die Sonne lacht, der Windhauch trägt
den herben Duft von Wald.
Kommt, laßt uns alle fröhlich sein,
denn herrlich ist die Welt
mit Blumenduft und Sonnenschein,
mit Tier und Wald und Feld.

Es fließt der Bach, der Kiesel rollt,
und die Forelle springt,
das Kätzchen in den Bäumen tollt,
der Teich ist wie geschmolzenes Gold
und tausendfach beringt.
Kommt, laßt uns wandern durch das Land,
das liebend uns umfängt,
und faßt das Glück mit fester Hand,
das uns so reich beschenkt.

Was uns umgibt, der grüne Hain,
die Berge, Flüsse, Seen,
die Äcker und der Wiesenrain
gehören uns, sind mein und dein –
wenn wir zusammenstehn.
Kommt, die ihr unsere Heimat liebt
und ihre Schönheit ehrt,
ergreift, was euch das Leben gibt,
kommt, zeigt euch seiner wert.

Worte: *Max Zimmering*

Bienen – willkommene Gäste der Blüten

Es ist Frühling. Die Wiesen sind mit gelben, weißen und rosa Blüten übersät. Jede einzelne Blüte streckt sich der Sonne entgegen, ihre gelben Staubblätter (↗ Botanisches ABC) werden sichtbar. Eine Biene, die diese Blüte entdeckt, schiebt bereits in der Luft ihren dunklen Rüssel hervor. Kaum hat sie sich niedergelassen, verschwindet sie in der Tiefe der Blüte, um den süßen, duftenden Nektar zu naschen. Sie krabbelt zwischen den Staubblättern umher und sammelt dabei ungewollt den gelben Pollen (↗ Botanisches ABC) an ihren Hinterbeinen. Diese „Pollenhöschen" streifen die Narbe des Fruchtknotens (↗ Botanisches ABC), und die Blüte wird befruchtet. Beobachte eine Biene. Hast du die „Pollenhöschen" gesehen?

Die Biene fliegt so von Blüte zu Blüte, verteilt den Pollen, nimmt neuen auf. Schließlich kehrt sie mit schwerer Last zu ihrem Volk zurück, wo alles wohlorganisiert abläuft. Hier läßt sie den Blütenstaub in den Wabenzellen zurück und liefert den Nektar ab, aus dem dann der Bienenhonig hergestellt wird. Laß dir von einem Imker die Lebensweise des Bienenvolkes erklären. Versuche, die Königin zu bestimmen.

Honig ißt du sicherlich auch gerne. Deshalb solltest du all jene Pflanzen herausfinden, die von den Bienen als „Bienenweide" genutzt werden. In diesem Buch erkennst du sie am Zeichen „Biene".

Pflücke im sehr zeitigen Frühjahr auf keinen Fall Zweige von der Kätzchenweide ab! Sie

liefert den Bienen nach dem langen Winter das erste Futter! Laß auch beim Blumenpflücken auf der Wiese für die Bienen noch etwas übrig. Verbrenne im Garten kein Laub, wenn sich in der Nähe blühende Obstbäume befinden. Verzichtet auch im Ferienlager auf ein Lagerfeuer, wenn ringsherum blühende Sträucher und Bäume stehen. Der Rauch würde nämlich den Bienen arg zusetzen und sie schließlich vertreiben.

Diese Beeren eß ich gern

Das Sammeln von Wildfrüchten ist eine verlockende Sache. Du hast die saftigen Früchte direkt vor dir und kannst jederzeit schnell einmal davon naschen. Hinzu kommt, daß Wildfrüchte oft mehr Aroma und stärkere Wirkstoffe für unsere Gesunderhaltung besitzen als ihre Verwandten im Garten. Bevor du aber sammeln gehst, mußt du wissen, wo du die Früchte finden kannst, wann sie reif sind, und vor allem, wie sie aussehen. Denn manche Beeren kann man mit giftigen leicht verwechseln, und dann würde dein Sammeltag ein trauriges Ende finden. Lies deshalb das 3. Kapitel dieses Buches besonders aufmerksam.

Unter Wildfrüchten werden hier alle Früchte verstanden, die wildwachsend in Wald und Flur vorkommen. Der Begriff „Beere" wird dabei nicht im wissenschaftlichen Sinne verwendet. Schlage hierzu im Botanischen ABC nach. Nach strenger botanischer Einteilung sind nämlich Beeren nur jene Früchte, bei denen alle Schichten der Fruchtschale fleischig sind, z. B. Heidelbeeren.

Schütze beim Sammeln die Natur, beschädige nicht mutwillig Pflanzen, schlage keine Äste ab. Sammle stets nur so viele Beeren, wie du auch verbrauchen kannst, die Vögel werden dir dankbar sein, wenn du ihnen etwas übrig läßt.

Verwende beim Sammeln Emaille- oder Plastgefäße bzw. dichte Körbchen, die du dir am besten mit einer Schnur um den Bauch bindest, damit du beim Pflücken beide Hände frei hast. Folienbeutel sind ungeeignet.

An regnerischen Tagen solltest du keine Beeren sammeln, weil sie nicht so aromatisch sind. Am wertvollsten sind voll ausgereifte Wildfrüchte, wenn du sie roh verzehrst – bis auf wenige Ausnahmen.

Folgende Orte sind keine Sammelplätze:

– Frisch gedüngte Äcker und Wiesen; du erkennst sie an charakteristischen Gerüchen, benetzten Blättern und Traktorspuren.
– Schutthalden und Deponien, Steinbrüche und Moore; hier ist die Unfallgefahr zu groß, meide deshalb diese Plätze unbedingt!
– Verkehrsreiche Straßen; die Wildfrüchte an diesen Straßenrändern sind durch die Abgase und den Staub nicht zum Essen geeignet. Auch reichliches Waschen und Kochen helfen dagegen nicht!

Vielleicht gehst du beim nächsten Waldspa-

ziergang mit deinen Eltern gleich auf Beerensuche. Es lohnt sich, die Schätze unserer heimatlichen Natur zu kennen, zu unterscheiden, zu sammeln – und zu verzehren. Auf den nächsten Seiten lernst du viele Wildbeeren kennen. Zu jeder Beerenart gibt es Rezepte, die du ausprobieren kannst. Anfangs ist es vielleicht besser, wenn du die Gerichte mit Mutter oder Vater gemeinsam vorbereitest. Gewiß bist du dann bald ein erstklassiger Wildbeerenkoch.

Berberitze

Die Berberitze kommt aus dem arabischen Raum. Vermutlich brachten die Berber vor Jahrhunderten diesen Zierstrauch nach Europa. Sie wird auch Sauerdorn genannt, weil die Früchte leicht säuerlich schmecken. Die gelben Blüten, die im Mai/Juni in dichten Trauben leuchten, riechen unangenehm. Dies hält jedoch die Bienen nicht ab, den Pollen und Nektar des Sauerdorns zu naschen. Du findest die Berberitze nicht nur in Vorgärten und Parks, sondern auch an Wegrändern, in Gebüschen und auf Waldlichtungen. Überall dort, wo es sonnig und trocken ist.

Aus der Rinde der Wurzel werden Arzneimittel hergestellt. Die Berberitze bekommt längliche, tönnchenförmige, etwa 1 cm lange leuchtend rote Beeren mit schwarzen „Köpfchen". Die Beeren hängen in Trauben aus den Blattachseln heraus (↗ Botanisches ABC). Diese Beeren schmecken sehr gut, wenn auch etwas säuerlich. Ernte sie erst nach den ersten Frostnächten, etwa Anfang Dezember, denn dann sind sie richtig süß. Nimm eine Schere mit und schneide ganze Ästchen ab, weil die Beeren sonst zu leicht zerdrückt werden. Zupfe sie zu Hause sehr vorsichtig ab – denn die Berberitze hat starke Dornen. Die Kerne solltest du nicht essen, sie schmecken bitterlich. Der rohe Saft der Berberitze kann wie Zitronensaft verwendet werden, er enthält viel Vitamin C und Fruchtsäuren. Wenn du ihn mit Zucker aufkochst, hast du einen gut schmeckenden Sirup. Apfel- und

Birnenkompotte bekommen mit Berberitzenbeeren ein feines Aroma. In Österreich machte man früher aus Berberitzenfrüchten sogar Bonbons, sie hießen Weinscharl.

Berberitzen-Birnen-Kompott
(4 bis 6 Portionen)
Du brauchst dazu:
6 große Birnen,
1 Eßlöffel Zitronensaft,
500 g Berberitzenbeeren,
3 Eßlöffel Zucker.

Schäle die Birnen und schneide sie in Viertel. Entferne das Kerngehäuse und schneide die Viertel in Scheiben. Gib sie in den Topf, gieße 1/4 Liter Wasser darauf. Damit die Birnenscheiben nicht braun werden, fügst du den Zitronensaft zu. Wasche die Beeren in einem großen Sieb unter fließendem Wasser gründlich ab. Gib sie zu den Birnen. Streue den Zucker darüber. Das ganze kochst du bis zum Weichwerden, etwa 5 bis 10 Minuten.
Nach dem Erkalten hast du ein besonders erfrischendes Kompott.

Brombeere

Du findest Brombeerbüsche auf sandigen Böden, am Feldrand, im Ufergestrüpp, an Waldwiesen und Waldwegen. Die Brombeere wächst meist in langen, dichten Hekken. Deshalb solltest du mit einem Stock (am besten ist ein Spazierstock) auf Beerensuche gehen. Mit ihm ziehst und drückst du die stachligen Zweige vorsichtig zur Seite, damit du an alle reifen Beeren richtig herankommst, ohne dich zu stechen. In den dichten Hecken haben es sich Spinnen gemütlich gemacht. Laß dich trotzdem nicht davon abbringen, die Beeren zu sammeln: Spinnen tun dir nichts! Ab Mai kannst du die frischen Brombeerblätter für Tee sammeln. Dabei wirst du beobachten, daß sich auf dem weißen Blütenkleid unentwegt Honigbienen niederlassen. Sind sie besonders zahlreich, ist im Herbst mit vielen Beeren zu rechnen.

Zarte getrocknete Brombeerblätter ergeben einen aromatischen, wohlschmeckenden Tee. Sie enthalten Wirkstoffe, die schleimlösend sind und daher gut gegen Husten und Erkältungskrankheiten. Sammle nur völlig gesunde Blätter und trockne sie auf Löschpapier an einem schattigen, luftigen Platz. Vorsicht, daß sie der Wind nicht davonweht!
Von September bis Oktober reifen dann die schwarzen Brombeeren, es sind wie auch bei der Erdbeere Sammelfrüchte (↗ Botanisches ABC). Unreife Brombeeren sind grün bis rot, nimm stets nur die dunkelblauen bis schwarzen. Lege sie locker in ein Emaille- oder Plastgefäß, auch ein dichtes Körbchen ist zum Sammeln geeignet.
Brombeeren haben einen hohen Vitamin-C-Gehalt und schmecken roh besonders gut.

Da Brombeeren sehr beliebt sind, haben Baumschulgärtner Sorten gezüchtet, die im Garten hohe Erträge bringen. Habt ihr einen Garten, dann könntet ihr eine Brombeerhecke an den Zaun pflanzen. Sie bietet den Vögeln gute Nistplätze.
Über eine weitere Brombeerenart kannst du unter der Überschrift „Kratzbeere" etwas erfahren.

Brombeeren mit Cornflakes
(4 bis 6 Portionen)
Du brauchst dazu:
750 bis 1000 g Brombeeren,
eine Packung Cornflakes,
1 1/2 l Obstsaft,
150 g Zucker,
2 Eßlöffel Honig.

Gib die Brombeeren in ein großes Sieb und wasche sie unter fließendem Wasser. Gib sie in eine Schüssel, streue den Zucker darüber und lasse die Beeren 15 Minuten ziehen. Die Cornflakes verteile auf vier tiefe Teller, übergieße sie mit Obstsaft, gib die eingezuckerten Brombeeren und den Honig hinzu.
Ein leckeres Gericht für die ganze Familie, besonders an heißen Tagen.

Eberesche

Die Eberesche ist dir gewiß unter dem Namen „Vogelbeere" bekannt. Sie heißt deshalb so, weil die Vögel die Beeren mit Freude naschen. Die Früchte sind aber bitter und sauer. Die Bienen nutzen von Mai bis Juni die stark duftenden nektarreichen weißen Blüten, die in Trugdolden (↗ Botanisches ABC) an den Zweigen hängen. Ebereschen kannst du am Waldrand, an Straßen, auf Ödland und Böschungen finden.
Eine Art, die Edeleberesche, solltest du sammeln. Sie hat süße, schmackhafte Früchte. Die Blüten lassen sich zu einem aromatischen Tee verarbeiten, der besonders gut gegen Verstopfung ist. Schneide die Trugdolden vorsichtig mit der Schere ab und trockne sie an einem luftigen, schattigen Platz. Du solltest dir zum Ernten einen sonnigen Tag aussuchen.
Die leuchtend roten Edeleberescheufrüchte kannst du ab September sammeln. Brich die ganzen Dolden mit den Beeren vorsichtig ab und lege sie in einen flachen Karton oder in einen Korb. Du solltest aber die Beeren nicht mit einem Stock abschlagen, weil dadurch die Blütenknospen für das nächste Jahr geschädigt werden.
Wenn du die Beeren nach dem ersten Frost sammelst, sind sie zwar etwas mehlig, schmecken aber noch süßer als die Septemberbeeren. Die Ebereschenfrüchte enthalten viel Vitamin C, außerdem das für die Blutbildung so wichtige Eisen. Getrocknete Beeren kannst du im Winter kauen oder wie Rosinen dem Kuchen beigeben.

Ebereschen-Konfekt
Du brauchst dazu:
1 kg Ebereschenfrüchte,
750 g Zucker.

Entferne die Fruchtstiele. Wasche die Früchte in einem großen Sieb unter fließendem Wasser. Gib sie in den Topf. Gieße eine Tasse Wasser darüber und koche die Beeren weich.
Paß auf, daß sie nicht überkochen!
Rühre sie durch das Sieb. Gib die Fruchtmasse in einen Topf, rühre den Zucker darunter und koche die Masse bei geringer Hitze zu einem dicken Mus ein. Rühre öfter um. Lasse das Mus erkalten. Nun gießt du das Mus in kleine Gefäße und Formen und stellst diese in die warme Ofenröhre, bis die Feuchtigkeit verdunstet ist. Dieses Konfekt schmeckt besonders gut zum Tee an kalten Wintertagen.

Ebereschen-Rosinen
Entferne die Fruchtstiele. Wasche die Früchte in einem Sieb unter fließendem Wasser. Lege sie so lange an einen schattigen, luftigen Platz auf Löschpapier, bis sie runzelig sind.
Nun lasse sie auf einem sauberen Backblech noch ganz kurz (etwa 5 Minuten) im Ofen bei kleiner Hitze nachtrocknen. Bestimmt freuen sich deine Eltern, wenn du diese pikanten „Rosinen" ihnen in einem selbstgenähten und bemalten oder bestickten Stoffbeutel zu Weihnachten überreichst.

Hagebutte

Die Hagebutte ist die Frucht der Heckenrose. Du kannst sie überall finden, in Gärten, an Feldwegen, in sonnigen Wäldern, besonders in Laubwäldern und an Straßenrändern. Im Juni freuen sich die Bienen über die rosaroten Blüten der Heckenrose.
Schon seit vielen Jahren wird die Hagebutte wegen ihres außerordentlich hohen Gehalts an Vitamin C hoch geschätzt. Vor allem das rote Fruchtfleisch enthält viele wertvolle Stoffe. Es schmeckt süßsauer. Sicherlich

hast du schon einmal Hagebuttentee getrunken. Doch wie wäre es, wenn du ihn selbst zubereitest?
Du pflückst die scharlachroten Früchte, wenn sie voll gereift sind. Das Fruchtfleisch ist noch fest und hat keine weichen Stellen. Ab September bis zu Beginn des Frostes kannst du auf Hagebuttensuche gehen. Pflücke die Früchte nur bei trockenem Wetter. Die Beeren befreist du dann mit einem Messer vom Stiel und von ihren „schwarzen Käpplein", wie es in dem Kinderlied heißt. Dann trockne die Früchte an einem luftigen Platz auf einem Bogen Papier.
Getrocknete Hagebutten vertreiben die Frühjahrsmüdigkeit:
Zerkleinere sie und lasse sie in kaltem Wasser eine Nacht stehen. Am nächsten Tag gieße alles durch ein Sieb, gib Zucker hinzu – fertig ist der „Muntermacher".

Hagebuttentee
Du brauchst für eine Tasse:
einige getrocknete Hagebuttenfrüchte,
1 Teelöffel Zitronensaft,
1 Teelöffel Zucker.

Weiche die trockenen Hagebutten über Nacht in kaltem Wasser ein. Dann koche am nächsten Tag die Früchte im gleichen Wasser kurz auf.
Lasse alles 10 Minuten ziehen. Gieße den Tee dann durch ein Sieb und gib Zitronensaft und Zucker hinzu.

Heidelbeere

Überall dort, wo der Boden leicht sauer ist, also wenig Kalk enthält, kannst du in den Monaten Juni und Juli Heidelbeeren finden. In lichten Wäldern, auf Waldwiesen und auch in Heidegebieten sind sie anzutreffen. Am besten ist es, wenn du gleich nach dem Frühstück auf die Suche gehst. Nimm ein sauberes Emaillegefäß oder einen Plastbecher mit. Liegt deine Sammelstelle fernab von stark befahrenen Straßen oder Industriegebieten, kannst du dir das Waschen der Beeren sparen. Sonst überbraust du die Beeren nur kurz und liest dabei die mit abgepflückten kleinen Blätter aus. Eine Unsitte ist es, die Beeren mit Kämmen zu sammeln. Dabei werden nämlich die Pflanzen sehr geschädigt. Zuweilen halten sich grüne oder braune Beerenwanzen auf den Heidelbeersträuchern auf.

Sie stinken ganz fürchterlich. Halte also Augen und Nase offen!

Heidelbeeren gehören zu den beliebtesten und den am meisten gesammelten Beeren unserer Wälder. Das sicher nicht ohne Grund: denn in einigen Gegenden gibt es sie in großen Mengen. Heidelbeeren schmecken nicht nur vorzüglich, sondern sind auch reich an wertvollen Inhaltsstoffen.

Die rötlich-grünlichen Heidelbeerblüten werden im April/Mai als guter Nektarlieferant von den Bienen sehr geschätzt. Die Heidelbeere wird mancherorts auch Tau- und Bickbeere genannt oder einfach Blaubeere, wegen ihrer starken blaufärbenden Wirkung. Du merkst es an Lippen und Zähnen, wenn du nur eine einzige Beere gekostet hast.

Heidelbeeren solltest du am besten roh genießen, mit Zucker oder Milch, auf Eis, Vanillepudding oder gar mit Schlagsahne sind sie eine köstliche Leckerei. Aber auch als Kompott kannst du sie verwenden. Es schmeckt ganz besonders gut zu Hefeklößen, Eierkuchen und Grießbrei. Das Sammeln lohnt sich also auf jeden Fall – selbst wenn dir der Rücken ein bißchen weh tun sollte vom Bücken. Auch einige Blätter kannst du sammeln. Trockne sie und mische sie mit viel Brombeerblättern für Tee.

Heute gibt es auch Gartenheidelbeeren. Vielleicht baust du sie auf deinem Gartenbeet einmal an. Vergleiche dann die Gartenpflanze und ihre Früchte mit Heidelbeeren aus dem Walde!

Heidelbeerschaum
Du brauchst für vier Portionen:
150 g Heidelbeeren,
4 Teelöffel Zucker,
2 Eiweiß.

Wasche die Beeren im Sieb unter fließendem Wasser. Zerdrücke sie in einer größeren Kompottschüssel mit der Gabel. Streue zwei Teelöffel Zucker darüber. Schlage das Eiweiß mit dem Schneebesen oder dem elektrischen Rührgerät ganz steif, gib den restlichen Zucker dazu. Rühre den Eischnee ganz vorsichtig unter die Heidelbeeren. Verteile den Schaum in Glasschälchen und lege obenauf noch ein paar frische Heidelbeeren.

Himbeere

Die Himbeere ist eine köstliche Frucht! Ihre roten reifen Früchte werden botanisch als Sammelfrüchte (↗ Botanisches ABC) bezeichnet.

Nicht nur bei allen Wildbeerensammlern sind Himbeeren beliebt, sondern schon im Frühsommer bei den Hummeln und Bienen. Diese finden in den weißen Blüten den süßen Nektar sehr reichlich.

Himbeersträucher werden gewöhnlich bis zu 1,50 m hoch und wachsen in sonnigen und lichten Wäldern, häufig auch auf Kahlschlägen und Lichtungen, an Böschungen und Waldrändern und an sonnigen Wegen. Ihre Zweige werden als Ruten bezeichnet. Himbeeren kann man auch im Garten anpflanzen; die Gartenfrüchte sind größer als die wildwachsenden Himbeeren. Die reifen roten Früchte kannst du schon ab Anfang Juli bis in den August hinein ernten.

Neben dem hervorragenden Geschmack besitzt die Himbeere auch gesundheitsfördernde Inhaltsstoffe. Saft aus rohen Himbeeren, ohne Wasserzusätze, ist ein bewährtes Hausmittel gegen Erkältungen und Fieber. Junge getrocknete Himbeerblätter ergeben einen aromatischen Haustee. Noch mehr Spaß macht es freilich, reife Himbeeren zu sammeln. Wenn du eine „fündige" Stelle entdeckt hast, mußt du sehr sorgfältig zu Werke gehen: Himbeeren sind sehr empfindlich! Knipse die Früchte mit dem Finger von der

Rute ab. Auf dem Heimweg darfst du die Beeren nicht zusammenschütteln oder gar quetschen. Zu Hause überbrause sie nur ganz kurz mit Wasser. Erst nach dem Abtropfen solltest du die Fruchtböden (↗ Botanisches ABC), die sogenannten Zapfen, herausziehen. Schau nach, ob die Früchte „madenfrei" sind!
Eingezuckert, mit Eis, zu Pudding, Vanillesoße oder einfach in Milch gerührt, schmecken Himbeeren sehr gut. Oder willst du einmal „geeiste" Himbeeren versuchen?

Geeiste Himbeeren
Du brauchst für 4 Portionen:
500 g Himbeeren,
100 g Zucker.

Drücke die Himbeeren über einem Topf durch ein Baumwolltuch. Gib den Zucker zum Saft und koche ihn 5 Minuten. Diesen dickflüssigen Sirup verteile nach dem Erkalten in eine Eiswürfelform. Stelle diese in das Tiefkühlfach des Kühlschrankes und lasse alles erstarren. Besonders lecker sehen die geeisten Himbeeren aus, wenn du kugelige Eiswürfelformen verwendest.

Holunder

Überall kannst du ihn finden, den Holunderstrauch, den „Hollerbusch": an Landstraßen und Wegrändern, auf dem freien Feld und an alten Scheunen und Ställen auf dem Lande. Von Mai bis Juli leuchten seine weißlichen, stark duftenden Blüten. Sie sitzen in Trugdolden (↗ Botanisches ABC) an den Zweigen. Manche Sträucher sind über und über mit Blüten bedeckt. Der Holunder ist ein Gehölz, das schon seit alters her bekannt und beliebt ist und den Vögeln als Nistplatz dient. Holunder hat seine Berühmtheit vor allem auch als Heilpflanze erlangt. Holunderblütentee hilft sehr gut gegen Erkältungskrankheiten. „Fliedertee" wird er in alten Büchern genannt. Aber noch wichtiger ist: Holunderbeeren schmecken, wenn du sie richtig verarbeitest, einfach köstlich. Nur roh dürfen sie nicht gegessen werden!
Zum Sammeln der Holunderbeeren brauchst du eine kleine Schere, mit der die Fruchtdolden abgeschnitten werden, und ein Körbchen. Du darfst aber erst sammeln, wenn die Beeren völlig reif sind: von September bis in den Oktober hinein. Beeren von Büschen, die an Autostraßen wachsen, solltest du lieber nicht sammeln. Alle unreifen Beeren mußt du meiden, sie enthalten giftige Stoffe. Die schwarzen Holunderbeeren kannst du aber getrost abschneiden. Wenn sie beim Zerdrücken roten Saft abgeben, sind sie völlig reif. Mit den Fingern oder mit einer Gabel wer-

den die Beeren von den Stielen gestreift und sehr sorgfältig gewaschen.

Holundersaft
Du brauchst dazu:
*etwa 1 kg Holunderbeeren,
etwas Zucker.*

Koche die Beeren in 1¼ l Wasser etwa 20 Minuten. Laß das ganze ein wenig abkühlen und drücke die gekochten Beeren durch ein Baumwolltuch. Jetzt hast du einen klaren Saft, den du nach Bedarf süßen kannst.

Holunderlimonade
Du brauchst für etwa 5 Flaschen:
*8 Holunderblütendolden,
4 Zitronen,
500 g Zucker.*

Wasche die Blüten. Presse die Zitronen aus. Vermische den Zitronensaft mit dem Zucker und mit 4 l Wasser. Lege die Blütendolden hinein, decke das Ganze mit einem Tuch ab und stelle es in die Sonne. Hin und wieder mußt du umrühren. Wenn die ersten Bläschen aufsteigen, ist die Limonade fertig. Gieße sie durch ein Sieb, fülle sie in Flaschen und stelle diese in den Kühlschrank.

Nun sollst du noch ein Holundersuppenrezept aus einem mehr als hundert Jahre alten Kochbuch kennenlernen. Wir haben es schon oft ausprobiert; vielleicht schmeckt die Suppe deiner Familie ebenso gut wie uns.

Fliedersuppe
Die abgezupften Beeren werden gründlich gewaschen und mit Wasser *(1 Liter Beeren auf 2½ Liter Wasser)* weich gekocht und durch ein Sieb gestrichen. Dann zerläßt man *100 g Butter* und gibt *3 Eßlöffel Mehl* hinein, schwitzt das Mehl gut durch und gibt unter ständigem Rühren ganz allmählich den Holundersaft hinzu. Dann schmeckt man die Suppe mit *Zucker* und etwas *Zimt* ab, kocht sie noch einmal tüchtig durch und gießt zum Schluß eine große Tasse *Milch* daran. Die sehr heiße Suppe serviert man mit in Butter gerösteten Semmelwürfeln.

Das ist das Rezept – für dich vielleicht noch zu schwierig. Denn wenn man das Mehl nicht richtig schwitzen läßt (d. h.: die Mehlschwitze nicht fachmännisch zubereitet), gibt es „Klumpensuppe". Laß dir von der Mutter helfen.

Kornelkirsche

Dieser strauchartige Baum wird auch Herlitze, Hornstrauch oder gelber Hartriegel genannt. Die Kornelkirsche hat sehr hartes Holz. Der griechische Dichter Homer berichtete, daß die Griechen ihre Wurfspeere aus dem Holz der Kornelkirsche schnitzten. Heute noch ist dieses Holz bei Drechslern und Instrumentenbauern sehr begehrt.
Doch uns interessieren vor allem die roten Steinfrüchte (↗ Botanisches ABC), die von September bis in den Oktober hinein reifen. Du brauchst sie nur vom Boden aufzusammeln, denn sobald sie reif sind, fallen sie herunter.
Schon im Februar solltest du nach Kornelkirschen Ausschau halten. Du erkennst sie an den leuchtend gelben Blüten, die in kleinen kugeligen Dolden (↗ Botanisches ABC) an den Zweigen sitzen. Sie erscheinen lange vor

den Blättern. Und sicherlich werden sie Besuch von Honigbienen haben, die nach dem Winter dankbar für die frühe Nahrung sind.
An Waldrändern, auf Lichtungen und im Unterholz wächst die Kornelkirsche. Besonders verbreitet ist sie in den südlichen Bezirken unseres Landes. Die Früchte schmecken süß-säuerlich und eignen sich vorzüglich zur Herstellung von Konfitüren.
Auch unsere Vögel lieben die Kornelkirschen sehr. Bist du eine Naschkatze und hast ein bißchen Geduld, dann versuche

Kandierte Kornelkirschen

Du brauchst dazu:
600 g Zucker,
500 g Kornelkirschen,
etwas Staubzucker.

Wasche die Früchte im Sieb unter fließendem Wasser. In ¼ l Wasser löst du 300 g Zucker auf und kochst darin die Kornelkirschen weich. Lasse sie einen Tag stehen. Nimm die Früchte heraus, gib 100 g Zucker in die Flüssigkeit, koche sie auf und gieße sie über die Früchte. Das wiederholst du noch zweimal: einen Tag stehen lassen, Früchte herausnehmen, zum Saft 100 g Zucker zugeben, aufkochen lassen, über die Früchte gießen ...
Zuletzt ist der Zuckersaft ganz zähflüssig. Stelle nun den Topf für ein paar Tage an einen warmen Platz und wälze dann die Früchte im Staubzucker. Köstlich!

Kornelkirschen-Soße

Du brauchst dazu:
100 g Kornelkirschen,
50 g Zucker,
⅛ l Wasser,
etwas Zitronensaft, Zimt und Maisan.

Koche die gewaschenen Kornelkirschen mit dem Wasser so lange, bis die Früchte ganz weich sind. Gib alles durch ein Sieb und drücke das Fruchtfleisch mit hindurch. Dann verrühre etwas Maisan in wenig kaltem Wasser (ungefähr 1 Teelöffel voll in ¼ Tasse Wasser). Rühre so lange, bis alle Klümpchen verschwunden sind. Nun koche den Kornelkirschen-Saft noch einmal mit dem Zucker auf und gieße zum Andicken das kalt angerührte Maisan langsam hinein. Dabei mit der anderen Hand die heiße Flüssigkeit fleißig rühren. Gib etwas Zitronensaft und Zimt nach deinem Geschmack hinzu.
Die Soße ist fertig, wenn sie schön glasig und dickflüssig ist. Du darfst aber beim Kochen nicht das Umrühren vergessen!
Diese fruchtige Leckerei kannst du kalt oder warm verzehren, sie paßt zu Vanillepudding, zu Grießbrei und Milchreis, aber auch zu Vanilleeis.

Kratzbeere

Die Kratzbeere, auch Ackerbrombeere genannt, ist der Brombeere sehr ähnlich. Ihre

Sammelfrüchte (↗ Botanisches ABC) sind blau-schwarz bereift und bestehen aus wenigen, ungleich großen Einzelfrüchten. Du kannst sie genauso essen wie die echte Brombeere, auch wenn sie längst nicht so aromatisch ist.
Da sie aber an manchen Stellen geradezu massenhaft vorkommt, lohnt sich das Sammeln. Die Kratzbeere eignet sich gut dazu, auch mit anderen Wildfrüchten zusammen verarbeitet zu werden.
Sie wächst kriechend an Waldwegen, Bahndämmen, in lichten Wäldern und auf brachliegenden Äckern. Ihre weißen Blüten erscheinen von Mai bis Juni.
Die Beeren der Kratzbeere sind schon zwei Monate vor der Brombeere reif, von Juli bis August.

Kratzbeeren-Milch
Du brauchst für 4 Becher:
*200 g Kratzbeeren,
1 l Milch,
4 Eßlöffel Zucker,
den Saft von 1 Zitrone.*

Wasche die Kratzbeeren im Sieb unter fließendem Wasser, mixe sie mit Milch, Zucker und Zitronensaft. Drücke die Mixmilch durch ein Sieb, um die Kerne zu entfernen.

Kratzbeeren-Konfekt
Du brauchst dazu:
*500 g Kratzbeeren,
300 g Zucker,
einige kleingehackte Walnüsse
und etwas Puderzucker.*

Streue auf die gewaschenen Kratzbeeren den Zucker und lasse alles einen halben Tag lang ziehen. Dann hat sich Saft gebildet, den du abgießt (man kann ihn für einen Milchmix verwenden). Gib die Früchte in einen Topf und koche alles bei schwacher Hitze.
Vergiß das Umrühren nicht! Sobald sich die Fruchtmasse beim Rühren leicht vom Topf löst, ist sie fertig.
Spüle eine flache Schale mit kaltem Wasser aus und gib dann die Masse dort hinein. Streiche alles schön glatt und streue die kleingehackten Walnüsse darauf. Jetzt mußt du noch eine Nacht Geduld haben.
Am anderen Tag ist die Masse fest geworden, und du kannst sie in Figuren oder kleine Würfel schneiden. Bestreue das Konfekt noch mit Puderzucker.

Mahonie

Die Mahonie gehört wie die Berberitze zu den Sauerdorngewächsen. Ihre dunkelgrünen Blätter fallen im Winter nicht ab, sondern verfärben sich rötlich, so daß die Pflanze auch in dieser Jahreszeit sehr dekorativ aussieht. Die Mahonie ist also ein immergrünes Gehölz, das dir bestimmt aus Gärten, Parks und Friedhöfen bekannt ist. Aber auch im Unterholz des Waldes kannst du sie finden. Von

April bis Mai leuchten ihre schwefelgelben Blüten in aufrechten, knäuelartigen Trauben. Die Bienen und Hummeln sind während der Blütezeit ständige Gäste.
Viele Leute halten Mahonienbeeren für eßbar, und es gibt Rezepte für ihre Verwendung. Nach neueren Erkenntnissen sind sie jedoch in größeren Mengen unbekömmlich, besonders, wenn sie nicht richtig reif sind. Deshalb ist es besser, sie nicht zu essen.

Mehlbeere

Besonders in unseren Mittelgebirgen ist die Mehlbeere zu finden. Sie kann als Strauch oder als Baum bis zu 12 m hoch werden. Ihre weißen Blüten werden im Mai und Juni gern von den Bienen und anderen Insekten aufgesucht. Das dichte Geäst dient unseren Singvögeln als Nistplatz.

Die Mehlbeere hat keine echten Beeren, sondern Scheinfrüchte mit zwei Kernen (↗ Botanisches ABC). Sie ist in ihrem Fruchtaufbau dem Apfel und der Birne ähnlich. Die Früchte sind rot, manchmal kugelig, zumeist aber langrund. Sie werden im Oktober reif. Sammelst du sie aber nach dem ersten Frost, hast du süß-säuerliche, aromatisch schmeckende Früchte.
In Bergwäldern, an Geröllhängen, aber auch in Gärten und Parks wächst die Mehlbeere. Die Beeren enthalten Zucker, Fruchtsäuren, viel Vitamin C und sogar etwas Fett. Sie passen als Kompott gut zu Berberitzen, Ebereschen und Kornelkirschen. Eine schöne Leckerei sind eingezuckerte Mehlbeeren mit Schlagsahne oder auf Vanillepudding.

Gezuckerte Mehlbeeren
Du brauchst für 4 bis 6 Portionen:
500 g Mehlbeeren,
4 Eßlöffel Zucker.

Wasche die Mehlbeeren im Sieb unter fließendem Wasser und zerdrücke sie ein wenig in einer Schüssel. Gib den Zucker hinzu und rühre gut durch. Nach zwei Stunden kannst du die gezuckerten Beeren mit Schlagsahne, Vanilleeis oder Vanillepudding servieren.

Mehlbeeren-Apfel-Gelee
Du brauchst dazu:
500 g Äpfel,
1 kg Mehlbeeren,
1 kg Zucker.

Schäle die Äpfel, schneide sie in Viertel und entferne das Kerngehäuse. Mit wenig Wasser kochst du sie weich. Wasche die Mehlbeeren im Sieb unter fließendem Wasser, gib sie zu den Äpfeln und koche alles zu Brei. Diesen Fruchtbrei preßt du über einem Topf durch ein sauberes Baumwolltuch. Gib den Zucker zum Saft, und koche das ganze etwa 10 Minuten. Ständig rühren! Mache die Gelierprobe! Ist sie gelungen, füllst du das Gelee heiß in kleine saubere Gläser und verschließt sie mit Pergamentpapier oder mit Schraubdeckel. Klebe Etiketten auf und schreibe auch das Datum darauf.

Mispel

Bereits im Mittelalter wurde die Mispel als Obstgehölz angebaut. Zu Unrecht ist sie fast in Vergessenheit geraten; denn sie liefert uns schmackhafte Früchte.
Mispeln sind etwa 3 m hohe strauchartige, sperrige Bäume, die an sonnigen Plätzen in Waldnähe wachsen. Die großen weißen bis rosafarbenen Blüten werden im Mai und Juni von den Bienen aufgesucht. Die sperrigen Äste bieten unseren Singvögeln ideale Nistgelegenheiten.

Die Mispelfrüchte sind abgeflachte, grünlich-braune Sammelfrüchte (↗ Botanisches ABC). Willst du die Mispeln roh essen, was du durchaus machen kannst, mußt du sie nach dem Pflücken im Oktober erst einige Wochen an einem trockenen Platz lagern. Sie werden dann bräunlichrot und schmecken süßlich-herb. Die gleiche Wirkung erzielst du, wenn du sie erst nach den ersten Nachtfrösten abpflückst. Mispeln kannst du mit anderen Beeren, zum Beispiel mit Schlehen und Ebereschenfrüchten, zu Marmelade verarbeiten.

Mispeln-Schlehen-Marmelade
Zerquetsche gewaschene, überreife oder gefrostete *Mispeln* und drücke sie durch ein Baumwolltuch. Den so gewonnenen Saft mischst du mit etwa der gleichen Menge *Schlehenmark*, das du aus entsteinten und zerdrückten Schlehen (↗) herstellst. Wiege das Fruchtgemisch und gib ebenso viel *Zucker* zu. Rühre gut durch und koche die Mischung 10 Minuten unter ständigem Rühren. Mache die „Gelierprobe" (↗ Mahonie). Fülle die heiße Marmelade in kleine Gläser.

Moosbeere

In den etwas moorigen Gebieten – gehe aber nicht etwa ins Moor! – und in den Kammlagen der Mittelgebirge kannst du dieses reizende immergrüne, kriechende Pflänzchen finden. Aus den rosaroten Blüten von Mai bis Juli entwickeln sich im August und September rote Beeren, die den Preiselbeeren ähnlich sind. Sie liegen zumeist am Ende ihrer langen, dünnen, dunkelroten Stiele auf dem moorigen Boden.
Richtig süß sind sie erst nach dem Frost, du kannst sie bis in den März des nächsten Jahres hinein sammeln. Ein bißchen suchen mußt du schon, denn sie sind doch relativ selten bei uns. In der Sowjetunion und in den skandinavischen Ländern bilden sie riesige Waldteppiche, sie werden dort zu Marmelade verarbeitet.
Wenn du aus Moosbeeren einen Saft preßt,

hast du ein erfrischendes Getränk, das auch gegen Fieber gut ist. Mit Honig ergibt Moosbeerensaft ein besonders feines Gelee.

Moosbeeren in Zucker
Wasche die gefrosteten *Moosbeeren,* lasse sie abtropfen und wälze sie in *Staubzucker.* Garniere damit Vanillepudding oder Grießbrei.

Preiselbeere

In manchen Gegenden wird die Preiselbeere auch Steinbeere oder Kronsbeere genannt. Du kannst sie meist an dem gleichen Platz wie die Heidelbeere finden. Wenn du im Frühjahr die Pflanze im Wald entdeckst, werden dir die weiß bis zartrosa gefärbten Blüten auffallen, die in Trauben stehen und gern von den Bienen aufgesucht werden. Die Preiselbeeren wirst du sicher nicht in größeren Mengen roh verzehren, weil sie viel Bitterstoffe enthalten. Aber beim Sammeln kannst du ruhig die eine oder andere naschen, das schadet nicht. Die Preiselbeere wächst viel niedriger als die Heidelbeere, ihre Blätter sind ledern und immergrün glänzend. Die weißlich-roten Beeren hängen in Trauben an den Zweigen. Sind sie im August bis September scharlachrot, dann kannst du sie an sonnigen Tagen sammeln gehen. Denn, obwohl die Preiselbeere roh nicht so lecker ist wie andere Beeren, ist sie eine sehr wertvolle Wildfrucht, die sich zu schmackhaften Kompotten und anderen süßen Speisen verarbeiten läßt. Lasse sie nicht stehen, wenn du auf Beerensuche gehst, denn ihre Früchte enthalten viele Vitamine, Mineralstoffe und Gerbstoffe. Sie wirken appetitanregend. Preiselbeerblätter kannst du getrost mitsammeln und dann getrocknet Kräuterteemischungen beigeben. Gibt es bei euch einmal Reh- oder Hirschbraten, solltest du Preiselbeerkompott dazu servieren – eine Delikatesse!

Preiselbeerkompott
Du brauchst für 4 bis 6 Portionen:
500 g Preiselbeeren,
150 g Zucker.

Wasche die Beeren im Sieb unter fließendem Wasser und koche sie mit $1/8$ l Wasser und dem Zucker, bis sie geplatzt sind (das dauert nur ein paar Minuten). Dies ist ein pikantes Kompott, das auch auf Apfelmus schmeckt.

Preiselbeermilch für 4 Gläser
Nimm *200 g Preiselbeerkompott, 1 l Milch,* den Saft von *1 Zitrone, 2 bis 3 Eßlöffel Bienenhonig* und mixe alles ½ Minute lang. Kalt getrunken hast du eine gut schmeckende Fruchtmilch.

Sanddorn

Es ist ein mühevoller Weg von den dornigen Sträuchern des Sanddorns bis zum Sanddornmost in der Kaufhalle. Wußtest du, daß man das Sanddornbeerensammeln als „Sanddornmelken" bezeichnet?
Denn die Beeren sitzen außerordentlich fest an den dornigen Zweigen, so daß Abpflücken kaum möglich ist. Findige Gärtner aber haben eine Handpresse erfunden, die den Saft der Beeren, um den es ja schließlich geht, vom Strauch in ein Glas laufen läßt. Aber für dich reicht es aus, wenn du mit einer kleinen Schere die Beeren vorsichtig abschneidest. Beschädigst du seine Zweige, trägt er im nächsten Jahr weniger Beeren. Botanisch gesehen, sind die Sanddornfrüchte Scheinbeeren (↗ Botanisches ABC).
Sanddorn blüht schon im April. Er ist eine der wichtigsten Küstenschutzpflanzen, da seine weiten Wurzelausläufer dem leichten Sandboden Festigkeit geben und seine dichten Zweige das Land vor zu starken Seewinden schützen. Singvögel finden hier gute Nistgelegenheiten, wenn sonst ringsum nur Gräser wachsen. Und, das weißt du sicher von deinen Ferien an der See: Sanddornhecken sind wunderschön anzuschauen, wenn sie ihr korallenrotes Früchtekleid tragen. Die Beeren schmecken säuerlich, du solltest sie erst dann ernten, wenn sie ganz reif sind, von September bis Oktober. Da sie einen außerordentlich hohen Vitamin-C-Gehalt besitzen, ist ihr Saft sehr gesund und ein ideales Erfrischungsmittel auch bei fiebrigen Erkältungen. Vielleicht machst du selbst einmal Sanddornsaft? Du mußt die Beeren sofort nach der Ernte verarbeiten; sie gären leicht und sind dann nicht mehr zu verwenden.

Sanddornsaft
Du brauchst dazu:
*3 kg Sanddornbeeren,
2 kg Zucker.*

Presse die geputzten, im Sieb abgebrausten Beeren durch ein derbes Leinentuch (ein sauberes Geschirrtuch). Den Saft verrühre mit dem Zucker und fülle ihn in saubere Flaschen. Verschließe sie mit Gummikappen und erwärme sie auf etwa 30 °C. So hast du noch fast alle Vitamine und Inhaltsstoffe erhalten. Verwendest du außerdem noch braune Flaschen, schützt du den Saft vor zu starkem Lichteinfall, der den Vitamingehalt beeinträchtigt.

Schlehe

Sparrige Schlehenhecken mit den Dornen (↗ Botanisches ABC) kannst du an Feldrainen, am Waldrand im Gebirge und im Flachland finden. Die weißen, stark duftenden Blüten erscheinen schon im März und April, noch vor den Blättern. Sie werden von den Bienen gern aufgesucht. Aber auch du solltest Schlehenblüten sammeln. Einfach mit heißem Wasser überbrüht und 10 Minuten stehen gelassen, ergeben sie einen aromatischen Tee.
Schlehenblütennektar ist eine beliebte, vitaminreiche Näscherei, die besonders bei den Kindern des Thüringer Waldes bekannt ist. In Schlehenhecken nisten viele Vogelarten, die auch gern von den Früchten naschen. Der Schlehenstrauch wird wegen seiner schwarzblau bereiften Steinfrüchte (↗ Botanisches ABC) und wegen seiner schwarzen Rinde

auch Schwarzdorn genannt. Die Früchte sitzen aufrecht auf kurzem Stiel, eine dicht neben der anderen. Im September bis Oktober werden sie reif, aber erst nach zwei Frostnächten schmecken sie mild und angenehm säuerlich. Sie sind ein bewährtes Grippemittel. Wenn du die Früchte einige Wochen lagerst, bis sie runzlig geworden sind, schmecken sie am besten. Aber auch Schlehensaft solltest du einmal probieren: Gib die Früchte in eine Rohsaftzentrifuge und süße den Saft ein wenig mit Zucker.

Schlehenblütennektar
Du brauchst dazu:
250 g Schlehenblüten, 150 g Zucker.

Weiche die Schlehenblüten in ½ Liter Wasser ein. Nach einem Tag bringst du das Wasser mit den Blüten langsam zum Kochen, läßt einmal aufkochen, dann wieder abkühlen. Gieße das ganze durch ein Sieb. Nun filtere den erhaltenen Saft durch einen Kaffeefilter, damit er ganz klar ist. Gib den Zucker hinzu, rühre gut um und koche alles ganz langsam, bis der Nektar zähflüssig wird. Es ist ein sehr süßer, gesunder Brotaufstrich.

Vogelkirsche

Die Vogelkirsche wird auch Feldkirsche, Waldkirsche oder Zwieselbeere genannt. Sie wächst als stattlicher Baum, der bis zu 20 m hoch wird. Vögel essen die Kirschen gern und nisten im Geäst. Zur Blütezeit im April und Mai trägt der ganze Baum ein dichtes schneeweißes Blütenkleid. Zu dieser Zeit summen die Bienen um den Baum herum und naschen vom Nektar und den Pollen der Blüten.

Du kannst die Vogelkirsche an Waldrändern, an Wiesen und Feldrainen finden. Einzelne Bäume stehen auch frei in der Natur bzw. an sonnigen Plätzen eines Laub- und Mischwaldes. Die Vogelkirsche ist die Wildform unserer Gartensüßkirsche und wird in den Baumschulen als „Unterlage" für die „Kirschveredlung" genutzt (↗ Botanisches ABC). Das Holz ist vorzüglich für die Möbelherstellung geeignet.

Die dunkelroten bis schwarzen kleinen Kirschen reifen bis in den Oktober hinein. Sie schmecken süß und haben einen leicht mandelartigen Nachgeschmack. Wenn du rohe Vogelkirschen gegessen hast, darfst du hinterher kein Wasser trinken!
Das Pflücken ist nicht leicht. Am besten ist es, wenn du gemeinsam mit deinen Freunden Vogelkirschen pflückst, weil du eine Leiter mitnehmen solltest. Die Äste des Baumes brechen leicht, deshalb solltest du nicht auf ihnen herumklettern! Pflücke die Kirschen mit ihren Stielen ab und lege sie in mehreren kleinen Behältern ab. Gleich nach dem Waschen müssen sie verwertet werden.

Vogelkirsch-Milchmix
Du brauchst dazu für 4 Gläser:
1 Eigelb,
¼ l Milch,
3 Eßlöffel Zucker,
etwa ¼ l Vogelkirschsaft,
1 Glas Selterswasser.

Verquirle das Eigelb mit Milch und Zucker. Entsteine die Vogelkirschen und drücke sie über einer Schüssel durch ein Tuch. Gieße den Saft in die Milchmischung und das Selterswasser dazu. Verrühre alles mit dem Mixer. Dies ist ein sehr erfrischendes Getränk.

Walderdbeere

Die Walderdbeere gehört wie die Gartenerdbeere zu den ersten Früchten im Jahr. Sicherlich ist sie auch deshalb so begehrt. Aber außerdem besitzt sie ein köstliches Aroma und schmeckt süß und saftig. Erdbeeren gehören zur großen Familie der Rosengewächse.
Ihre Früchte sind Sammelfrüchte (↗ Botanisches ABC). Du findest sie ab Juni bis August in lichten, sonnigen Wäldern und auf Waldwiesen und Lichtungen. Mach dich am frühen Morgen auf die Erdbeersuche. Ziehe aber beim Ernten nicht die Pflanzen aus dem Boden, sondern knipse die Früchte mit dem Finger vom Stiel ab. So bleiben die Beeren ganz und verlieren keinen Saft.
Achte darauf, daß die Beeren nicht zusammengeschüttelt oder gedrückt werden. Nimm zum Sammeln am besten ein flaches Körb-

chen. Zu Hause legst du die Beeren gleich in ein großes Sieb und überbraust sie nur leicht. Nach dem Abtropfen ziehst du den Blütenboden mit dem Stiel heraus. Erdbeeren verlieren beim Einkochen ihr wertvolles Aroma, deshalb verwende sie am besten frisch. Die jungen Blätter kannst du für eine Früchteteemischung verwenden. Lege sie zum Trocknen an einen schattigen Platz.

Erdbeermilch
Du brauchst für 4 Gläser:
*200 g Erdbeeren,
3 Eßlöffel Zucker,
1 l Milch.*

Gib alle Zutaten in einen Mixbecher und mixe alles schaumig. Wenn du dir einige Früchte zurückbehältst, kannst du damit deine Erdbeermilch garnieren.

Erdbeertee
Nimm einige *getrocknete Erdbeerblätter* – und falls du hast, auch ein paar zarte frische, und übergieße sie mit kochendem Wasser. Lasse alles etwa zehn Minuten ziehen und gieße den Tee durch ein Sieb. Mit *Zucker* und etwas *Zitrone* gewürzt, hast du einen aromatischen Abendtrunk.

Weißdorn

Der Weißdorn ist auch unter dem Namen Hagedorn bekannt und gehört wie viele andere Früchte zu den Rosengewächsen. Er wird bis 5 m hoch und wächst als- dorniger Strauch. Im Mai bis Juni trägt er ein weißes Blütenkleid. Seine Blüten riechen unangenehm, doch die Bienen lassen sich trotzdem nicht davon abhalten, den reichlichen Pollen der himbeerroten Staubgefäße und den Nektar der Blüten zu nutzen. Die Vögel nisten gern im Weißdorngeäst.
Die Früchte sind rote, eiförmige, mehlig schmeckende Steinfrüchte (↗ Botanisches ABC) mit zwei bis drei Steinen. Sie sind ab September reif, und da sie sehr dicht stehen, schmücken sie mit ihren leuchtend roten Beeren den Strauch. Die Frucht, die Reste der

Kelchblätter wie eine kleine Krone trägt, heißt auch Mehlbeere oder Mehlfäßchen, wegen des mehlig schmeckenden Fruchtfleisches. Du findest den Weißdorn am Waldrand, im Gebüsch und Unterholz sowie an Waldwegen und als Heckengehölz. Die Beeren sind mit ihrem süß-säuerlichen Geschmack auch zum Rohverzehr geeignet. Als Zusatz für Gelee und Marmeladen aus anderen Früchten, z.B. Brombeeren und Himbeeren, eignen sie sich gut. Die getrockneten Blätter, Blüten und auch Früchte ergeben einen gesunden Tee. Du trocknest dafür Blätter und Früchte auf Löschpapier an einem luftigen Ort. Dann läßt du die Früchte noch einige Minuten im heißen Backofen nachtrocknen. Getrockneten Weißdorn solltest du höchstens bis zur nächsten Ernte aufheben.

Weißdorntrank
Nimm *1 Eßlöffel getrocknete Weißdornbeeren*, *1 Eßlöffel getrocknete Blätter* und *Blüten* und übergieße alles mit 2 Tassen heißem Wasser. Nach 20minütigem Ziehen gieße den Tee durch ein Sieb und süße ihn mit *Honig*.

Wo bin ich gewesen

„Wo bin ich gewesen?
Nun rat einmal schön."
„Im Wald bist gewesen,
Das kann ich ja sehn.
Spinnweben am Kleidchen,
Tannadeln im Haar,
Das bringt ja nur mit,
Wer im Tannenwald war!"
„Was tat ich im Wald?
Sprich, weißt du das auch?"

„Hast Beerlein gepickt
Vom Heidelbeerstrauch.
O sieh nur,
wie blau um das Mündlein du bist!
Das bekommt man ja nur,
wenn man Heidelbeeren ißt."

Johannes Trojan

Beeren-Sammelkalender

	1.*	2.	3.	4.	5.	6.	7.	8.	9.	10.	11.	12.
Berberitze											●	
Brombeere					🍃				●	●		
Eberesche					✿	✿			●	●		
Hagebutte									●	●		
Heidelbeere						●	●					
Himbeere					🍃		●	●				
Holunder					✿	✿	✿		●	●		
Kornelkirsche									●	●		
Kratzbeere							●	●				
Mahonie								●	●			
Mehlbeere											●	●
Mispel											●	●
Moosbeere	●	●	●						●	●	●	●
Preiselbeere									🍃	🍃		
Sanddorn									●	●		
Schlehe					✿	✿				●	●	
Vogelkirsche							●	●	●	●		
Walderdbeere					🍃	🍃	●	●	●			
Weißdorn					🍃	🍃				●	●	

* Die Zahlen 1. bis 12. bezeichnen die Monate: 1. = Januar, 2. = Februar

Vorsicht Giftpflanzen!

Sicherlich denkst du beim Wandern und Herumtollen im Wald und auf der Wiese nicht gleich daran, daß dort auch giftige Pflanzen wachsen. Und doch ist es so. Oftmals duften gerade diese Pflanzen besonders schön, blühen üppig oder haben verlockend aussehende Beeren, die vor allem kleine Kinder zum Naschen verführen können. Deshalb ist wichtig, daß du dir die in diesem Kapitel beschriebenen Pflanzen genau anschaust, damit du nicht auf die roten, gelben, blauen oder weißen Beeren hereinfällst. Am Anblick dieser Pflanzen solltest du dich aber erfreuen – ohne sie zu zerstören. Bedenke auch, daß oft nicht nur die Beeren, sondern auch andere Pflanzenteile giftig sind – also nicht auf Zweigen oder Blättern herumkauen! Solltest du doch einmal versehentlich eine giftige Beere gekostet haben, so mußt du versuchen, schnell zu erbrechen. Das ist sehr wichtig, damit die Giftstoffe schnell aus deinem Magen wieder herauskommen, noch bevor sie in die Blutbahn gelangen und zur Bewußtlosigkeit führen können. Stecke deshalb zwei möglichst saubere Finger tief in den Hals hinein, damit du rasch erbrichst. Trinke viel Wasser und versuche noch einmal zu erbrechen. Dann gehe zum nächsten Arzt. Nimm für ihn aber eine Pflanze, ein Blatt oder eine Beere mit, damit er sehen kann, woran du dich vergiftet hast. So kann er schneller die richtige Behandlungsmethode wählen.
Achte auch auf kleinere Kinder, wenn sie in der Nähe von giftigen Pflanzen spielen. Denn du bist ja nun ein „Fachmann", wenn du dieses Kapitel gründlich gelesen hast.

Gefleckter Aronstab

In feuchten und schattigen Laubwäldern, an Ufern und Böschungen kannst du diese reizvolle Pflanze sehen. Wegen ihrer Seltenheit steht sie unter Naturschutz. Sie wird bis 50 cm hoch und blüht von April bis Mai. Der Blütenstand ist ein braun-violetter dicker Kolben, umgeben von einem hellen, blaßgrünen Hochblatt (↗ Botanisches ABC), das wie eine nach oben spitz zulaufende Tüte aussieht. Die Blätter sind groß und fleckig. Von August bis September drängen sich um den Kolben die dicken kugeligen leuchtend roten Beeren. Schon beim Berühren der Pflanze

kannst du rote Flecken auf der Haut bekommen. Nicht nur für uns Menschen ist der Aronstab gefährlich. Auch die Insekten lassen sich von dem starken Geruch der Blüte dazu verführen, in ihre „Tüte" hineinzurutschen. Sie bleiben dort ein bis zwei Tage gefangen, weil ihnen die sogenannten Sperrborsten der Blüte den Austritt verwehren. Durch das Umherkrabbeln der Insekten werden die weiblichen Blüten bestäubt. Die Sperrborsten welken, denn sie haben ihre Aufgabe erfüllt, und der Ausgang ist frei – die Fliegen, Bienen, Hummeln und Käfer können wieder hinaus.

Efeu

Der Efeu ist dir auch aus dem Garten, von Friedhöfen oder Parks bekannt. Sicher magst du ihn, wenn er mit seinem Grün ganze Wände schmückt. Und doch enthält er in all seinen Pflanzenteilen giftige Stoffe, besonders aber in den Beeren. Efeu ist eine kriechende, teppichbildende oder an Bäumen, Mauern und Felsen emporkletternde Pflanze. Mit seinen Haftwurzeln (↗ Botanisches ABC) hält er sich fest. Die Blätter sind meist dunkelgrün mit weißlichen Adern und gespitzt. Von September bis November trägt der Efeu grün-gelbliche unscheinbare Blütendolden (↗ Botanisches ABC). Die kugeligen, oben abgeplatteten Beeren sind grün oder braun mit violettem Hauch und dann im März des folgenden Jahres blau-schwarz gefärbt.

Sie enthalten Stoffe, die seit alters her für die Arzneimittelherstellung genutzt werden.
Wenn der Efeu große Bäume, Mauern oder auch ganze Hausgiebel berankt, kannst du beim aufmerksamen Beobachten Vögel entdecken, die im dichten Laub und Geäst nisten. Erfreue dich daran, aber meide diese üppig grünende Pflanze und ihre Beeren!

Eibe

Am Rande des Waldes, vor allem aber in Vorgärten und Parks, gedeiht die Eibe. Sie ist der einzige einheimische Nadelbaum, dessen giftige Samenkörner von einem fleischigen, ungiftigen roten Fruchtmantel umgeben sind. Die Beeren der Eibe sind botanisch gesehen Samennüßchen (↗ Botanisches ABC). Ab August kannst du die roten Beeren bewundern, doch laß sie an der Eibe hängen. Auch alle anderen Pflanzenteile sind giftig. Schon in der Antike war die Giftigkeit dieses Nadelbaumes bekannt. Man stellte aus seinem Holz giftige Pfeile und Lanzenspitzen her. Da das Holz der Eibe sehr hart und zugleich elastisch ist, wurden die Bäume massenweise gefällt, so daß die wilde Eibe bald vom Aussterben bedroht war. Deshalb steht die Pflanze heute unter Naturschutz. Reiße daher keine Äste oder Zweige ab.
Eine gewaltige Eibe steht in Jabel (Kreis Waren): Sie hat einen Stammumfang von 4,50 m und soll über 250 Jahre alt sein.

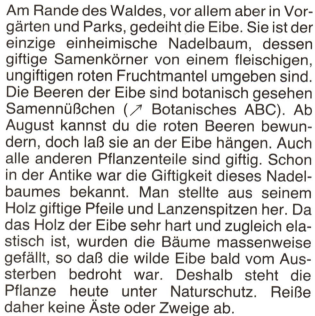

Einbeere

In schattigen Gebüschen, feuchten Wäldern und im Unterholz der Laubwälder kannst du die Einbeere finden. Sie heißt deshalb so, weil nur eine einzelne Beere auf vier großen, kranzförmig stehenden Blättern von August bis Oktober reift. Sie ist von blauschwarzer Farbe und fast so groß wie eine Kirsche, aber sehr giftig!
Ein Huhn, so wird erzählt, kann schon nach dem Picken von nur drei Einbeeren sterben.

Geißblatt

Das Waldgeißblatt, auch Deutsches Geißblatt genannt, erkennst du ganz gewiß in den Monaten Juni bis August an seinem betäubenden Duft. Dieser 3 m hohe Schlingstrauch rankt sich an Bäumen und Zäunen empor. Er wächst an Feldwegen, in Gebüschen und auf Waldlichtungen. Besonders in der Nähe von Eichen, Birken und Kiefern kannst du ihn finden. Der starke Duft der Blüten lockt viele Insekten an.

Aber so schön er duftet und so üppig er wächst, so giftig sind auch seine roten Beeren, die zu 10 bis 16 Stück im Knäuel am Zweigende sitzen und im Herbst reifen.

Goldregen

Im Mai hängen am Goldregenstrauch oder -baum die leuchtend gelben Blütentrauben. Es sind Schmetterlingsblüten (↗ Botanisches ABC), die in langen Trauben zusammenstehen. Aus ihnen entwickeln sich die Hülsen mit den Samenkörnern. Fast jedes Kind möchte mit ihnen spielen und sie womöglich auch kosten. Dabei handelt es sich um eine äußerst giftige Pflanze. Deshalb Finger weg vom Goldregen! Er ist an Waldrändern, Feldrainen aber auch in Parks und leider noch zu häufig an Spielplätzen anzutreffen.

Du solltest dich am „goldenen Blütenregen" erfreuen, ihn aber nicht anfassen. Achte auch auf deine jüngeren Geschwister und deren Freunde; erzähle ihnen, was du über den Goldregen weißt.

Heckenkirsche

Dieser Strauch wird bis zu 2 m hoch. Seine duftenden weißen Blüten locken von Mai bis Juni die Bienen an. Zwei Monate später sind die blutroten, glasig glänzenden Beeren reif, sie sind so groß wie Erbsen. Sie sehen gar nicht giftig aus, und doch sind sie es: Schon wenige Beeren verursachen Übelkeit. Die Heckenkirsche wächst im Unterholz von Laub- und Mischwäldern, in Gebüschen und auch am Waldrand.
Da das Holz der Heckenkirsche sehr hart ist, verwenden es Drechsler sehr gern.

Knallerbse

Die weiße Knallerbse hast du bestimmt schon einmal zertreten und „knallen" lassen. Das darfst du auch weiterhin tun, nur solltest du die Beeren nicht in den Mund stecken. Denn sie bewirken Entzündungen, und sogar schon beim Anfassen kann der Beerensaft auf deiner Haut rote Flecke hervorrufen. Interessant ist an der Knallerbse, die man übrigens auch Schneebeere nennt, daß sie an einem Strauch bis in den Herbst hinein gleichzeitig Blüten und Früchte trägt. Die Blüten hängen ab Juni in kleinen weiß-rosa Ähren (↗ Botanisches ABC) am Busch. Die Knallerbse findest du nicht nur in Parks und Grünanlagen, sondern auch an Waldrändern, Feldrainen und an Böschungen.

Liguster

Der Ligusterstrauch bekommt im September schwarze Scheinbeeren (↗ Botanisches ABC), die stark giftig sind. Du findest ihn im Unterholz, an Waldrändern, im Gebüsch und am Bachufer, aber auch oft als Zierstrauch oder in Heckenform in Parks und Grünanlagen. Erkennen kannst du ihn von Juni bis August an seinen starkriechenden weißlichen Blütenrispen; die tiefschwarzen Beeren stehen in dichten Büscheln an den Zweigen.

Früher benutzte man den violetten Saft der Beeren zum Färben von Wolle und Leder. Auch Tinten und Malfarben stellte man aus Ligusterbeeren her.

Maiglöckchen

Diese schöne, süß duftende Frühjahrsblume unserer Wälder gehört auch zu den stark giftigen Pflanzen. Ab Mai blüht sie mit weißen nickenden Glöckchen, die an einem Blütenstiel herunterhängen. Das Maiglöckchen wächst in vielen Gärten; aber auch in den Laubwäldern gibt es große Teppiche von Maiglöckchen. Doch hüte dich vor dieser Pflanze! Alle ihre Teile, Blüten, Blätter und die roten Beeren, die im September reifen, sind stark giftig! Wenn du einen Maiglöckchenstrauß kaufst oder im Garten pflückst, wasche dir sofort nach dem Anfassen der Blumen gründlich die Hände!
Im Wald lasse die Maiglöckchen stehen, denn sie gehören zu unseren geschützten Pflanzen. Freue dich über den starken Duft der zarten Blüten, aber pflücke sie nicht ab.

Mistel

Du hast die Mistelbüsche, die kugelig und dicht verzweigt wachsen, bestimmt schon einmal auf Bäumen gesehen. Hoch oben in den Astgabeln der Pappel, der Birke, der Weide, der Linde oder Eiche läßt sie es sich gut gehen. Willst du wissen, wie sie dort hinaufgekommen ist? Das haben die Vögel besorgt, besonders die Drosseln und Amseln, denn sie mögen die Beeren der Mistel gern und spucken die Kerne wieder aus. Diese fallen nun auf andere Bäume. Auch über den Vogelkot gelangen Samenkörner auf andere Bäume. So sorgen die Vögel für die Verbreitung der Mistel.
Die Mistel ist ein Halbschmarotzer (↗ Botanisches ABC). Die Samen beginnen zu keimen, und die Wurzeln verankern sich im Baum. Er wird zur „Wirtspflanze". Denn mit ihren grü-

nen Blättern und Stengeln kann die Mistel zwar den Sauerstoff aus der Luft aufnehmen, doch Wasser und Nährstoffe entnimmt sie dem Baum, auf dem sie gerade wächst, ihrem „Gastgeber". Ab Oktober reifen dann die weißlichen, giftigen Beeren, die sonderbarerweise von allen Tieren gefressen werden können, ohne daß sie Schaden nehmen. Wir Menschen sollten aber die Mistelbeeren auf gar keinen Fall kosten, denn sie sind giftig für uns!

Verwechsele aber die Mistel nicht mit der eßbaren Mispel. Schlage noch einmal das 2. Kapitel auf.

In der Weihnachtszeit kannst du Mistelzweige im Blumengeschäft kaufen und zusammen mit Fichtenzweigen und Kerzen zu einem Gesteck arrangieren. Aber sei vorsichtig, wasche dir hinterher gründlich die Hände.

Nachtschatten

Ein sich windender Halbstrauch ist der sehr giftige Bittersüße Nachtschatten, der bis zu 2 m lang werden kann. Er rankt am liebsten an anderen Pflanzen empor. Du erkennst ihn von Juni bis August an seinen kleinen lila Blüten mit den gelben Pollenständen. Die Blüten hängen an nickenden Rispen herab.

Ab September bis in den Winter hinein ist er mit kleinen länglichen roten Beeren behangen. Den Bittersüßen Nachtschatten findest du in Ufernähe, an feuchten Waldstellen und besonders im Erlengehölz, aber auch an Schutthalden und Wegrändern. Er heißt deshalb „bittersüß", weil seine Beeren zuerst bitter und dann süß schmecken sollen. Doch laß dich davon nicht täuschen, die Beeren sind giftig, und schon wenige von ihnen können dir sehr gefährlich sein!

Gärten begegnest du dem Pfaffenhütchen, aber auch in lichten Laubwäldern, in Gebüschen und an Feldwegen. Der schöne Strauch – er wird auch Spindelstrauch genannt – ist in allen seinen Pflanzenteilen sehr giftig. Deshalb meide das Pfaffenhütchen unbedingt! Lediglich die Bienen können unbeschadet auf den Blüten Nektar und Pollen sammeln.

Schneeball

Der Schneeball hat im Herbst leuchtend rote Steinfrüchte (↗ Botanisches ABC), die sogar von den Vögeln verschmäht werden. Koste niemals von den verführerisch aussehenden, aber sehr giftigen Beeren, die ab September reifen. Der Schneeball wächst am Waldrand, am Bach- und Flußufer und als Unterholz in lichten Wäldern. Erkennen wirst du ihn an seinen duftigen weißen Blüten, die in schirmförmigen Trugdolden (↗ Botanisches ABC) von Mai bis Juni zur Freude der Bienen blühen. Aus dem Holz dieses Strauches wurden früher Pfeifenröhrchen und Spazierstöcke hergestellt.

In den Gärten und Parks wächst die gefüllt blühende, kugelige Kulturform des Schneeballs.

Pfaffenhütchen

Das Pfaffenhütchen heißt so, weil seine roten Fruchtkapseln, wenn sie noch geschlossen sind, einem Kardinalshut ähnlich sehen. Sie springen dann auf und zeigen ab Oktober die orangeroten Samen. In Parkanlagen und

Seidelbast

Hast du eigentlich inzwischen bemerkt, daß die meisten giftigen Pflanzen besonders stark duften? Erinnere dich an das Maiglöckchen und an das Waldgeißblatt. So ist es auch beim Seidelbast, dessen herrliche rosafarbene oder weiße Blüten bereits im Februar bis zum April erscheinen – lange bevor die Blätter herauskommen. Die Bienen finden in den Blüten reichlich Nahrung. Du aber solltest dich vor diesem kleinen Strauch, der übrigens unter Naturschutz steht, hüten. Er ist stark giftig. In unseren Mittelgebirgen, in Laubwäldern und an feuchten, nährstoffreichen Plätzen ist er manchmal zu entdecken. Aber auch in den Gärten hat er sich wegen seiner schönen, frühen Blüten einen Platz erobert.

Scharlachrote, erbsengroße kugelige Beeren (botanisch sind es Steinfrüchte, ↗ Botanisches ABC) bekommt er ab Juni. Schon das bloße Berühren der Pflanze kann zu Hautrötungen führen. Deshalb sollst du diesen Strauch zwar bewundern, aber ja nicht anfassen!

Stechpalme

Die unscheinbaren weißlichen Blüten der immergrünen Stechpalme öffnen sich Mitte Mai. Bienen suchen sie gern auf. Die scharlachroten Beeren, die eigentlich Steinfrüchte (↗ Botanisches ABC) sind, erscheinen im Oktober.

Sie bleiben oft den ganzen Winter über am Strauch hängen und sind sehr giftig! Du erkennst die Stechpalme, die auch Hülse genannt wird, an den glänzenden dunkelgrünen Blättern mit den buchtig gestachelten Rändern. Die Stechpalme kommt als Unterholz in Buchen- und anderen Laubmischwäldern vor. Besonders in Küstennähe ist sie zu finden. Sie gehört zu den geschützten Pflanzen. Kannst du dir vorstellen, daß eine Stechpalme das stattliche Alter von mehreren hundert Jahren erreicht?

Tollkirsche

Daß die Tollkirsche sehr giftig ist, weißt du sicherlich. Du darfst dich nicht von ihren glänzend schwarzen saftigen Beeren verführen lassen. Sie reifen von August bis Oktober. Schon wenige Beeren stellen eine ernsthafte gesundheitliche Gefahr dar. Die Inhaltsstoffe der Tollkirsche werden von der Arzneimittelindustrie genutzt.

Auf Kahlschlägen, Waldwegen und lichten Gehölzen kannst du die bis 2 m hoch wachsende Pflanze finden. Die Blätter sind spitzeiförmig und sitzen an kurzen Stielen. Von Juni bis August erscheinen dann die braun-violetten Blüten, die „nickend" herunterhängen. Die Tollkirsche heißt so, weil man durch die Beeren „toll" wird und seine Umwelt nicht mehr erkennt. Sie gehört zu den gefährlichsten unserer Giftpflanzen.

Salomonssiegel

In Gebüschen, in schattigen Wäldern, an Waldwegen und auf Humusböden wächst das Salomonssiegel. Die Blätter erinnern an Palmenwedel. An den Blattunterseiten hängen in Trauben jeweils zwei glockenähnliche, schlanke weiß-grüne Blüten. Sie blühen von Mai bis Juni. Die ab August reifenden schwarzen, etwas bereiften Beeren solltest du auf gar keinen Fall kosten. Sie enthalten ähnliche Giftstoffe wie das Maiglöckchen und sind daher sehr gefährlich.

Zweiblatt-Schattenblume

Wie der Name es schon sagt, wächst diese Pflanze an schattigen Plätzen: im Unterholz, im Gebüsch und in Laubwäldern. Die Zweiblatt-Schattenblume ist der Einbeere sehr ähnlich, besitzt aber nur zwei Blätter, und aus dem unscheinbaren Blütenstand von Mai bis Juni reifen ab September die kugeligen roten Beeren. Sie enthalten starke Gifte; auch alle anderen Pflanzenteile sind giftig.

Kräuter zum Essen und Trinken

Eßbare Wildkräuter gibt es überall: auf Äckern, Wiesen und Weiden, in Wäldern, an Wegrändern, Ufern, ja sogar in Parks und Gärten. Du mußt sie nur auch entdecken. Dieses Kapitel soll dir dabei helfen. Viele gehen achtlos an den kleinen Pflanzen vorüber, ohne zu ahnen, wie sehr dieses „Unkraut" den Speisezettel bereichern könnte! Wildpflanzen sind besonders gesund, weil sie viele Vitamine, Mineralien, organische Säuren und appetitanregende Geruchs- und Geschmacksstoffe enthalten. Die für eine Mahlzeit erforderliche Menge hast du schnell zusammen, da Wildpflanzen meist in großen Gemeinschaften wachsen. Doch bevor es ans Sammeln geht, solltest du unbedingt folgendes beachten:

– Pflücke nur so viele Kräuter, wie du benötigst.
– Nimm nur die Kräuter, die du richtig kennst.
– Meide frisch gedüngte Felder und Wiesen.
– Gehe nicht auf Schutthalden, an Bahndämmen und Deponien auf Kräutersuche.
– Wildkräuter, die du essen willst, suchst du nicht an Straßenrändern und nicht in der Nähe von Industrieanlagen.
– Nimm nur gesunde Pflanzen.
– Sortiere Grashalme und andere Pflanzen sorgfältig aus.
– Verwende zum Sammeln einen Korb.
– Die Kräuter solltest du entweder abpflücken oder mit dem Messer bzw. der Schere abschneiden. Sei dabei behutsam, denn die Pflanze soll nicht in ihrem Wachstum behindert werden.
– Tau- oder regennasse Kräuter solltest du nicht abpflücken; sie faulen leicht.

Wenn du Wildpflanzen trocknen möchtest, zum Beispiel Pfefferminze, lege die Blätter entweder auf ein sauberes Leinentuch oder auf ein Blatt weißes Papier an einen schattigen und luftigen Ort.
Manche Pflanzen – zum Beispiel Thymian – kannst du als Strauß trocknen, den du mit „Kopf" nach unten an einer Schnur aufhängst. Das Trocknen ist dann beendet, wenn die Stiele beim Anfassen brechen und die Blätter rascheln. Möchtest du Wildkräuter – zum Beispiel Spitzwegerich und Huflattich – einfrieren, so zerkleinere die Blätter mit dem Messer, dem Wiegemesser oder im elektrischen Küchengerät und gib sie in

kleine Plastbehälter oder kleine Folientüten. Verwende auch zum Einfrieren nur einwandfreie, frische Pflanzen.
Wenn du die Wurzeln, zum Beispiel Kalmus, länger aufbewahren möchtest, so klopfe die Erde ab, entferne die feinen Faserwurzeln und fädele die Wurzeln wie eine Kette auf. Diese hänge an einen schattigen und luftigen Platz.
Nun noch einige Tips zum richtigen Aufbewahren: In durchsichtigen Gläsern, vor allem, wenn sie in der Sonne stehen, werden die grünen Pflanzenteile grau. Nimm also möglichst dunkle Gläschen und bewahre deine verschlossenen Behälter im dunklen Küchenschrank auf. Feucht dürfen die Kräuter auf gar keinen Fall werden, sonst beginnen sie zu schimmeln. Verschimmelte Kräuter mußt du vernichten! Zuviel Wärme – etwa über dem Küchenherd – schadet den Wildkräutern ebenfalls. Nun weißt du einiges über das Sammeln und den Umgang mit selbstgesammelten Wildkräutern. Wie sie aussehen, wo und wann du sie findest und wie du sie zu schmackhaften Gerichten und Tees verarbeiten kannst, erfährst du in den folgenden Abschnitten.

Baldrian

Baldrian wird auch Katzenkraut genannt, weil sein würziger Geruch Katzen anlockt. Du kannst diese Staude (↗ Botanisches ABC) auf feuchten Wiesen, in lichten Wäldern und im Ufergebüsch finden. Von Mai bis September blüht der Baldrian in Dolden hellrosa oder weiß. Die Stengel sind lang, sie teilen sich in drei Blütenstielchen. Die Blüten enthalten besonders reichlich Nektar, so daß die Bienen gern den Baldrian aufsuchen. Im Oktober kannst du dann die Wurzeln ausgraben. Die Baldrianwurzel enthält ätherische Öle, die beruhigend wirken. Wenn du eine Baldrian-Tinktur herstellst, kannst du eure Hausapotheke mit einem milden Kopfschmerz- und Schlafmittel bereichern. Besprich das aber zuvor mit deinen Eltern! Wenn du aus Versehen diese Tinktur vor eure Haustür schüttest, wirst du ein nächtliches Katzenkonzert hören. Probiere es lieber nicht aus, sonst bekommst du Ärger mit euren Nachbarn.

Baldrian-Schlaftinktur
Putze die *Baldrianwurzel* gut und lasse sie etwa drei Wochen an einem luftigen Platz trocknen. Gib acht, daß keine Katze in der Nähe ist! Dann zerreibe die Wurzel und übergieße sie mit einer Tasse kaltem *Wasser*. Dieses milde Kopfschmerzmittel kannst du noch mit *Zucker* süßen.
Die Baldrianwurzeln halten sich am besten in einem sauberen Glas mit Schraubverschluß.

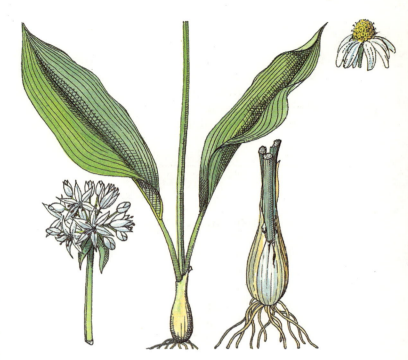

Bärenlauch

Der Bärenlauch wird wegen seines starken knoblauchähnlichen Geruchs auch als Waldknoblauch bezeichnet. Und wie der Knoblauch hat er wertvolle Inhaltsstoffe, die dir bei Erkältungskrankheiten und Bauchschmerzen helfen können. Bärenlauch besitzt wie die Küchenzwiebel und die Tulpe eine Zwiebel (↗ Botanisches ABC). Schneide einmal eine Bärenlauchzwiebel von oben nach unten durch. Du siehst die verschiedenen Schalen, in denen sich die Speicherstoffe befinden. Die Zwiebel besitzt schon die Anlagen für die spätere Pflanze. Sie kann sich – ähnlich einer Knospe – bereits im April voll entfalten. Bärenlauch hat lange elliptisch-ovale (↗ Botanisches ABC) spitz auslaufende hellgrüne Blätter. Der kantige Stengel trägt von April bis Juni Dolden aus weißen sternchenförmigen Blüten. In feuchten Laubwäldern und schattigen Schluchten kannst du diese Pflanze entdecken, deren frische Blätter als Salatzugabe oder Gewürz in Fleischgerichten geeignet sind.

Bärenlauch-Butter
Hacke gewaschene *Bärenlauchblätter* ganz klein, verrühre sie in einer Schüssel mit weicher *Butter* und einer *Prise Salz*. Dann forme eine Rolle daraus. Stelle sie auf einem Teller 53

in den Kühlschrank. Nach einem halben Tag kannst du die Waldknoblauch-Butter-Rolle in Scheibchen schneiden. Du kannst die Bärenlauch-Butter auch zu Kügelchen formen. Auf einem Salatblatt angerichtet, mit Radieschen garniert, sehen Scheibchen oder Kugeln besonders appetitlich aus.

Beifuß

Diese Pflanze wird auch als Wilder Wermut oder als Gänsekraut bezeichnet. Sie kann bis zwei Meter hoch werden und hat aufrechte, ästige Stengel mit fiederspaltigen (↗ Botanisches ABC) Blättern. Die Blütenrispen sind grau-gelblich oder rotbraun. Den Beifuß findest du an Wegrändern und Böschungen. Sollte er in deinem Garten als Unkraut in der Nähe des Kohlbeetes stehen, so freue dich darüber, denn sein starker Duft hält den Kohlweißling fern, der mit seinen Raupen großen Schaden an den Kohlblättern anrichten kann. Im Juli beginnt der Beifuß zu blühen. Sammele die Blütenknospen kurz vor dem Aufplatzen, aber nur von solchen Pflanzen, die in der Sonne stehen, denn dieser Beifuß ist würziger. Auch die ganz kleinen Blätter kannst du verwerten. Beifuß ist ein Gewürz für fettreiche Braten: Gänse- und Entenbraten oder auch Schweinebraten. Trockne die Blütenknospen und die kleinen Blätter und bewahre sie dann in einem geschlossenen Glas lichtgeschützt auf.

Beifuß-Schmalz
Nimm *zwei Würfel Schmalz*, lasse sie in einem Topf aus, gib *drei Lorbeerblätter*, *vier Pimentkörner* und *zwei Eßlöffel Beifuß* hinzu. Lasse die Gewürze wenige Minuten im heißen Fett. Dann fülle das Schmalz in einen Keramiktopf und binde ihn zu. Beifußschmalzbrote schmecken besonders gut mit *Äpfeln*.

Beinwell

Schon im Mittelalter heilte man mit dieser Pflanze Knochenbrüche. Daher hat die Pflanze ihren Namen bekommen: Bein = Knochen, well = wallen, zusammenheilen. Auch heute noch ist Beinwell Bestandteil vieler Arzneimittel zur Behandlung von Prellungen, Verstauchungen und Knochenbrüchen. Beinwell kannst du überall dort finden, wo es feucht ist. Auf nassen Wiesen ebenso wie an Bächen, Flüssen oder Teichen. Er blüht von Mai bis Oktober mit weißen, hellroten oder dunkelroten Blüten, die als fünfzipfelige nickende trichterförmige Kelche herabhängen. Am Blütengrund befindet sich der süße Nektar. Doch der Blüteneingang ist durch Schuppen versperrt. Die Insekten beißen daher einfach die Blüten von außen an und holen sich so den Nektar. Du kannst die rostbraunen Bißstellen von Bienen oder Hummeln an manchen Blüten entdecken. Die jungen Blätter vom Beinwell solltest du sammeln; denn daraus lassen sich herrliche Gemüsegerichte zaubern. Auch Suppen kannst du mit Beinwell verfeinern, ebenso frische Salate und Eierspeisen.
Solltet ihr einen Garten haben, noch einen Tip: Gib viele Beinwellpflanzen in die Regentonne, nach drei Wochen erhältst du eine stickstoffreiche flüssige Jauche, für die dir besonders die Gemüsepflanzen dankbar sein werden, außerdem soll diese Beinwell-Jauche schädigende Insekten abhalten.

Beinwell-Omelett
Du brauchst dazu:
Eierkuchenmehl,
Milch,
Salz,
Pfeffer,
Öl,
Beinwellblätter.

Rühre aus Eierkuchenmehl und Milch einen Teig an, den du mit Salz und Pfeffer würzt. Dann nimm jeweils drei gewaschene ganze Beinwellblätter und tauche sie in den Teig, so daß sie ringsherum „paniert" sind. In viel heißem Öl kannst du diese winzigen Omeletts goldgelb brutzeln. Gib sie auf ein Drahtsieb, damit das Fett abtropft.

Brennessel

Wenn im Garten die Aussaaten zu keimen beginnen, laden die Wiesen schon zur Ernte ein. Zum ersten frischen Grün in der Natur gehört die Große Brennessel. Die Pflanze heißt so, weil sie über und über mit Brennhaaren bedeckt ist und etwa anderthalb Meter groß werden kann. Sie wächst massenweise auf Ödland, an Wegen, Zäunen und an Waldrändern.
Brennesseln enthalten viele wertvolle Inhaltsstoffe und sollten deshalb mehr Beachtung finden. Übrigens sind Brennesseln „Anzeigepflanzen": Wo sie wachsen, enthält der Boden reichlich Stickstoff. Sammeln solltest du aber nur die ganz jungen, zarten Blätter, die noch kein Nesselgift gebildet haben, also nicht „brennen", und zwar von März bis Mai. Da die Blätter am Nachmittag die meisten Nährstoffe enthalten, wirst du möglichst erst dann sammeln. Für den Transport nach Hause nimmst du einen Plastbeutel, damit die Blätter nicht welken. Du wirst aber die frischen Blätter so schnell wie möglich weiterverarbeiten. Das Brennesselkraut wird sorgfältig gewaschen, kurz mit heißem Wasser abgebrüht und dann zerkleinert. Es hat einen angenehmen, krautig-bitterlichen Geschmack, der an Spinat

erinnert. Frisches, gewaschenes und feingewiegtes Brennesselkraut ist eine delikate Zugabe zu Gemüse und Kartoffelsuppen. Getrocknete Brennesselblätter ergeben einen gesunden Tee.

Brennesselsalat
Du brauchst für 4 Portionen:
200 g junge Brennesselblätter,
1 Eßlöffel Joghurt,
1 Eßlöffel Mayonnaise,
1 Eßlöffel Zitronensaft,
etwas Salz,
Pfeffer und Zucker.

Lege die Brennesselblätter eine Viertelstunde in kaltes Wasser. Verrühre Joghurt, Mayonnaise, Zitronensaft, Zucker, Salz und Pfeffer zur Salatsoße. Laß die Brennesselblätter im Sieb abtropfen und gib sie in die Salatsoße. Vorsichtig mischen. Dieser Salat schmeckt besonders gut zu Butterbrot und vertreibt wegen seines hohen Vitamin-C-Gehaltes die Frühjahrsmüdigkeit.

Brunnenkresse

Hast du Gummistiefel? Die brauchst du nämlich, um die Brunnenkresse zu sammeln. Die fleischigen Stengel mit den rundlichen Blattfiedern fluten regelrecht im Wasser und bilden saftiggrüne Teppiche.
Diese Wasserpflanze kannst du in Bächen, Wassergräben und Quellen finden. Wo sie wächst, ist das Wasser wirklich sauber. Von Juni bis September zeigen sich weiße, traubig stehende Blüten.

Sammle die zarten jungen Blätter am besten schon im Mai, noch vor der Blüte. Du solltest sie nur frisch verwerten. Vor dem Zubereiten aber wasche die Brunnenkresse gründlich und schau nach, ob sich nicht etwa Wasserschnecken an der Blattunterseite versteckt haben.
Fein geschnitten, macht sie dein Butterbrot pikant und würzig. Die Brunnenkresseblätter schmecken etwas scharf, ähnlich wie der

Rettich. Und wußtest du, daß zerquetschtes Brunnenkressekraut gegen Pickel hilft? Lege es dir etwa 10 Minuten auf die entsprechenden Stellen und wiederhole die Prozedur an mehreren Tagen.

Brunnenkresse-Quark
Verrühre *einen Becher Magermilchquark* mit *3 Eßlöffel Milch*, etwas *Salz*, *Pfeffer* und viel *feingehackter Brunnenkresse*. Streiche die Quarkmischung aufs Butterbrot, am besten auf Vollkornbrotschnitten, und garniere sie mit Radieschenscheiben und ein paar Brunnenkresseblättchen.

Echte Kamille

Du findest die Kamille an Wegrainen, auf Ödland, in Getreidefeldern und auf Wiesen. Besonders gut gedeiht sie auf leichten Böden. Die Echte Kamille unterscheidet sich von der nicht verwendbaren Hundskamille durch ihren hohlen Blütenboden (↗ Botanisches ABC). Sie bildet auf den 20 bis 50 cm hohen aufrechten Stengeln langgestielte Körbchenblüten (↗ Botanisches ABC). Die äußeren Zungenblüten sind weiß und die röhrigen Scheibenblüten innen gelb. Die Kamille gehört zur großen Familie der Korbblütengewächse. Von Mai bis September kannst du die Blütenköpfe sammeln, aber nur bei trockenem Wetter. Feuchte Blüten faulen leicht. Zum Trocknen breite die Blütenköpfe an

einem luftigen, nicht zu warmen Ort auf Papier aus.
Diese wertvollen Blüten sind praktisch ein Universalheilmittel. Schon im Altertum wurden sie verwendet: So benutzten die Araber zum Beispiel Kamillenöl für Einreibungen. Kamille wirkt krampflösend, schmerzlindernd und hemmt Entzündungen. Kamillentee ist gut gegen Magenbeschwerden, Bronchitis und Sodbrennen. Wenn du zu Hautallergien neigst, solltest du allerdings vorsichtig sein mit Kamilleumschlägen oder -bädern.
Kamille riecht würzig und schmeckt schwach bitter.

Gänseblümchen

Dir zu sagen, wo du das Gänseblümchen finden kannst, ist gewiß unnötig. Es gehört zu den Pflanzen, die jeder kennt und die auch überall auf Wiesen und an Wegrändern wachsen. Das kleine Blümchen erfreut uns immer wieder mit seinem weißen Blütenkranz um den gelben Blütenboden. Unterseits sind die Zungenblüten (↗ Botanisches ABC) meistens rosa gefärbt. Von Februar bis in den November hinein findest du die Blüten vom Gänseblümchen. Denn um sie geht es hier. Knospen und junge Blätter kannst du in Wildpflanzensalaten oder sogar als Gemüse verwenden. Aufgeblühte Blumen sind eine lustige, eßbare Garnierung für das Kindergeburtstagsessen. Auch auf Pilzsuppen kannst du ein paar Blüten schwimmen lassen. Wenn du eine Flasche Kräuteröl oder Kräuteressig aufsetzt, vergiß nicht, auch ein paar Gänseblümchen mit hineinzutun.

Gänseblümchen-Gemüse
Du brauchst dazu:
200 g noch nicht voll erblühte Gänseblümchenköpfe,
1 Zwiebel,
30 g Butter oder Margarine,
3 Eßlöffel saure Sahne,
etwas Salz und Pfeffer.

Koche die Blütenköpfe etwa 3 Minuten in wenig Salzwasser. Gieße alles durch ein Sieb über einem Topf.
Hebe das Kochwasser auf!
Hacke die Blütenköpfe fein. Dünste die feingeschnittene Zwiebel in Butter oder Margarine, bis sie glasig ist. Gib die Gänseblümchen hinzu und rühre vorsichtig um. Nun koche alles etwa 3 Minuten und gib dabei ständig Gänseblümchenwasser dazu. Nimm das Gemüse vom Herd. Rühre saure Sahne darunter und würze noch mit etwas Salz und Pfeffer.

Gänsefuß

Der Gänsefuß ist ein weitverbreitetes Unkraut. Doch die frischen Triebe und jungen Blätter ergeben das köstlichste Spinatgemüse, das du dir denken kannst. Übrigens ist Gänsefuß mit der Runkelrübe verwandt. Schau dich nur um, du wirst diese Wildpflanze schnell entdecken. Sammle sie von April bis Juni in eurem Garten, an Wegrändern und auf Waldlichtungen. Die Blätter sind lang gestielt, länglich geformt und etwas gelappt (↗ Botanisches ABC). Der Gänsefuß kann bis zu einem Meter hoch werden. Und wenn du nicht nur Spinat, sondern auch mal eine Suppe kochen möchtest, dann sammle ein großes Bündel Gänsefußtriebe.

Gänsefuß-Suppe
Du brauchst dazu:
3 Kartoffeln,
2 Zwiebeln, 1 Knoblauchzehe,
1 Eßlöffel Öl,
200 g Gänsefußblätter,
3 Brühwürfel,
Salz, Pfeffer.

Schäle die Kartoffeln, schneide sie in Würfel und koche sie in wenig Salzwasser weich. Die kleingehackten Zwiebeln und den Knoblauch dünste im Öl glasig, füge die Kartoffeln hinzu. Die drei Brühwürfel löse in ½ l heißem Wasser auf. Nun gib die in Streifen geschnittenen Gänsefußblätter sowie die Brühe zu allem übrigen. Koche alles etwa 10 Minuten und würze mit Salz und Pfeffer. Zur Verfeinerung kannst du in Butter geröstete Weißbrotwürfel auf die Suppe geben.

Heidekraut

Das Heidekraut ist nach seinem bevorzugten Standort – der Heide – benannt. Auch als Besenheide wird diese wunderschöne violettrosa blühende Pflanze bezeichnet, da die trockenen Zweige noch heute in ländlichen Gegenden zum Herstellen von Besen verwendet werden. Das Heidekraut ist ein immergrüner Zwergstrauch, die graubraunen, dünnen Stämmchen sind mit aufrechten, dicht stehenden Ästen besetzt. Von Juli bis Oktober kannst du das blühende Heidekraut überall dort finden, wo kein oder nur wenig Kalk in der Erde ist, auf mageren, nährstoffarmen Böden in trockenen Waldlichtungen. Wenn sich die Heideflächen in den märkischen Kiefernwäldern oder am Rande der Dünen an der Ostseeküste purpurviolett färben, ist der Herbst nicht mehr weit. Die Bienen wissen den süßen Nektar der Heide sehr zu schätzen.

Und wenn du auch einen duftenden süßen Heidesirup haben willst, so sammle die Blüten. Streife sie einfach mit der Hand vom Stengel. Zu Hause breitest du sie auf dem Tisch aus und sortierst nur die gesunden und voll aufgeblühten Blütenköpfe heraus. Der Heidesirup hilft dir bei Verstopfungen, die Mühe lohnt sich wirklich, weil er köstlich schmeckt.

Heidesirup

Du brauchst dazu:
200 g Heidekrautblüten,
400 g Zucker,
Saft von 1 Zitrone.

Begieße die Heideblüten mit 1 l siedendem Wasser und binde den Topf mit Pergamentpapier zu. Nach 5 Stunden gieße das Wasser in einen anderen Topf und erhitze es noch einmal. Gib es anschließend wieder über die Blüten. Das ganze lasse nun zugebunden über Nacht stehen. Am anderen Tag gieße alles durch ein Sieb und presse die Blüten gut aus. Gib den Zucker und den Zitronensaft zum Heidekrautwasser und erwärme alles ganz langsam, ohne daß es kocht. Du wirst sehen, das Heidekrautwasser wird langsam zähflüssig, weil das überflüssige Wasser verdunstet. Wenn es so richtig dick geworden ist, gieße es heiß in gut verschließbare, ganz saubere Schraubgläser. Nun hast du nicht nur etwas zum Naschen, sondern auch einen delikaten Aufstrich für das Frühstücksbrötchen.

Hopfen

Diese Schlingpflanze windet sich im Uhrzeigersinn um Bäume und Sträucher. Sie kann bis zu sechs Meter lang werden. Die großen Blätter sind drei- bis fünflappig geteilt und am Rande gezähnt (↗ Botanisches ABC). In Gebüschen, Niederungen und in lichten Wäldern kannst du diese Pflanze entdecken. Gewiß hast du schon einmal auf Feldern große Klettergerüste gesehen, hier wird Hopfen angebaut, um ihn zum Bierbrauen zu nutzen. Doch das ist ein komplizierter Vorgang, der nur Fachleuten gelingt.

Uns interessieren beim Hopfen auch nicht die schönen, schuppenartigen Blütendolden, sondern die jungen Sproßspitzen. Sammle sie schon ab März, aber spätestens Mitte Mai und nimm nur die vorderen fünf Zentimeter, denn sie sind besonders zart. Pflücke die kleinen Blätter ab und zerschneide die Sprosse. Kleingehackt sind sie eine gesunde Zutat zum Wildsalat oder zur Quarkspeise, da sie aromatisch und leicht bitter schmecken und viel Vitamin C enthalten.

Hopfen-Omelett
Du brauchst dazu:
4 Eier,
1 Handvoll Hopfen-Sprosse,
Salz, Pfeffer und Öl.

Rühre die Eier schaumig, gib Salz und Pfeffer nach deinem Geschmack hinzu. Mische die Hopfen-Sprosse darunter und brate alles in einer flachen Bratpfanne in heißem Öl.

Huflattich

Ein richtiger „Hustenvertreiber" ist der Gemeine Huflattich schon von alters her. Er wird auch Pferdefuß, Brust- oder Ackerlattich genannt. Seine gelben Blütenköpfe künden den Beginn des Vorfrühlings an. Erst nach

der Blüte entfalten sich die großen rundlich-herzförmigen Blätter.
Du kannst den Huflattich ab Februar überall finden. Er wird dir sofort auffallen, weil er auf Plätzen wächst, wo zu dieser frühen Jahreszeit noch nichts anderes gedeiht. Auf Böschungen, in Gräben, an steinigen Hängen, an Wegrändern, überall leuchten die gelben runden Blüten, Vorboten der erwachenden Natur. Huflattich wächst dort besonders gut, wo der Boden viel Lehm enthält.
Leider wird er von vielen Menschen als hartnäckiges Unkraut verkannt und bekämpft, dabei hat er durch seine wertvollen Schleimstoffe eine gute Heilwirkung. Beim ersten Anzeichen von Erkältungen solltest du dir einen Huflattichtee zubereiten. Die schwach nach Honig duftenden Blütenköpfe sammle im zeitigen Frühjahr bei trockenem Wetter, nimm nur die jungen, gerade aufgeblühten und trockne sie im luftigen Schatten.

Die Blätter (nicht verschmutzte) sammelt man ab Mai; sie werden zum Trocknen dicht nebeneinander ausgelegt.
Achtung, der Huflattich kann leicht mit dem Pestwurz verwechselt werden! Der Pestwurz wird aber wesentlich größer (bis 75 cm groß) und blüht erst ab April.
Frische Huflattichblätter ergeben auch ein pikantes Gewürz für Kartoffelsalate und können anstelle von Petersilie verwendet werden.

Huflattichtee
Sammle junge *Huflattichblüten und -blätter*, schneide sie in Streifen und lasse sie trocknen. Überbrühe 2 Teelöffel getrockneten Huflattich mit einer Tasse siedenden Wassers. Nun lasse den Tee 10 Minuten ziehen. Süße möglichst mit *Bienenhonig*. Wenn du starken Husten hast, solltest du zu jeder Mahlzeit eine Tasse Huflattichtee trinken.

Kalmus

Der Kalmus ist eine ausgesprochene Sumpfpflanze, deren Blätter an Schwertlilien erinnern. Von Juni bis Juli bekommt er Blüten an einem schlanken Kolben. Sie werden von einem Hüllblatt überragt. Die Wurzel dieser interessanten Pflanze hat einen angenehmen Geruch und einen herben, würzigen Geschmack. Sie wird in vielen Arzneimitteln verwendet. Auch du kannst Kalmuswurzeln sammeln, am besten im Spätherbst. Ziehe aber deine Gummistiefel an und nimm ein scharfes Messer mit. Schneide die Wurzeln ab, säubere sie und teile sie in 5 cm große Stücke. Frisch oder getrocknet (fädle die kurzen Stücke auf einen Faden und lasse sie so trocken werden), kannst du sie als Suppengrün, in Kräuteröl oder Kräuteressig verwenden. Da die trockenen, zermahlenen Wurzeln einen ingwerähnlichen Geschmack haben, sind sie eine vorzügliche Beigabe (nimm aber nur ein, zwei Prisen) für Birnen- oder Apfelkompott. Kalmus ist auch ein milder Badezusatz für entzündete und empfindliche Haut.

Birnen mit Kalmus
Schäle *6 Birnen*, teile und entkerne sie. Dann dünste sie mit Wasser und *2 Eßlöffel Zucker*, bis sie weich geworden sind. Sobald das Wasser heiß ist, gib *2 Prisen gemahlene Kalmuswurzel* hinzu. Du wirst staunen, wie köstlich das Birnenkompott schmeckt.

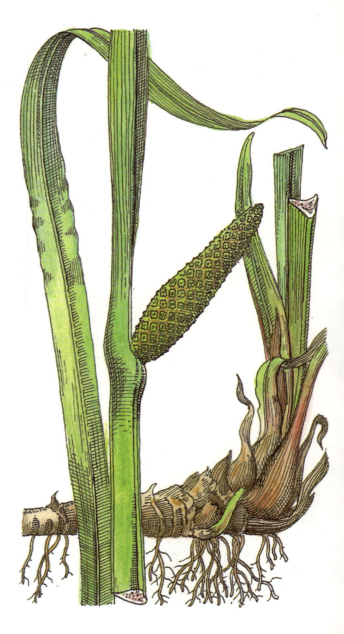

🐝 Königskerze

Wahrscheinlich gab man dieser Pflanze ihren Namen wegen des aufrechten und stolzen Wuchses. Der Volksmund kennt noch andere Namen: Vollkraut, Frauenkerze und Wetterkerze.

Die Königskerze ist ein zweijähriges Gewächs (↗ Botanisches ABC). Im ersten Jahr bildet sich nur eine große Blattrosette, und erst im nächsten Jahr wächst die Pflanze bis zu 1,50 m hoch und bekommt einen leuchtend gelben Blütenstand. Von Juli bis September blüht die Königskerze – nicht nur zur Freude der Bienen, denn du solltest ihre Blütenblätter (ohne Kelche) abzupfen, im Schatten trocknen und dir dann einen aromatischen Hustentee aufbrühen.

Überall dort, wo der Boden recht trocken ist und wo viele Steine liegen, wächst die Königskerze: an Landstraßen und Waldrändern.

Die jungen zarten Blätter vom oberen Teil der Pflanze (von Juli bis August gesammelt), lassen sich auch verwenden. Mische sie Salaten bei oder gib sie mit an die Kräuterbutter. Kräuteröl mit Königskerzenblättern ist ein besonders pikantes Salatöl.

Königskerzen-Öl

Kaufe eine Flasche *Salatöl*. Eine etwas größere Flasche, die du dann verschließen oder verkorken mußt, hast du gründlich gewaschen und abtrocknen lassen. Nun gib von der *Brun-*

nenkresse einige Blätter mit Stielen in die noch leere Flasche hinein – sie ergeben die scharfe Geschmacksnote – dann erst folgen *Königskerzenblätter*, die leicht süßlich schmecken. Übergieße die Blätter mit dem Öl und lasse die Flasche fest verschlossen einen Monat stehen.
Dann probier mal. Merkst du, wie pikant das Öl jetzt schmeckt?

Löffelkraut

Das robuste Löffelkraut ist vor allem an der Ostseeküste zu Hause. In den Salzwiesen und Gesteinsklippen, wo nur wenig anderes wächst, breitet es sich aus. Seine Blätter sehen tatsächlich wie kleine grüne Löffel aus. Von Mai bis Juli bekommt das Löffelkraut winzige weiße Blüten. Die Blätter enthalten viel Vitamin C und einige Bitterstoffe, deshalb schmecken sie ähnlich wie die Brunnenkresse zart bitter. Aber das sollte dich nicht abhalten, von März bis April die jungen Blätter zu sammeln und sie dann gleich frisch zu verarbeiten.
Deine Mutter wird sich freuen, wenn sie die Blättchen kleingehackt auf die fertige Linsen- und Bohnensuppe streuen kann. Dadurch bekommen die Gerichte eine ganz besondere Würze.
Aber auch als Salatzugabe, zum Beispiel zu Eiersalat und Kartoffelsalat, ist Löffelkraut nicht zu verachten.

Löffelkraut-Butterbrot
Nimm ein *Weißbrot* („Herrenbrot oder Kaviarlänge"), zerschneide es längs in zwei Hälften. Bestreiche beide Schnittseiten gut mit *Butter*. Bestreue sie nun mit gewaschenen, zarten, *kleingehackten Löffelkrautblättern* (ohne Stengel) und klappe das Brot zu. So hast du eine schöne Abendbrot-Überraschung für die ganze Familie. Garniere das Brot noch mit einigen Löffelkrautblättchen.

Löwenzahn

Sicherlich hast du schon einmal gesehen, wie Löwenzahn (auch Kuhblume, Pusteblume oder Butterblume genannt), kraftvoll und keck eine Asphaltstraße durchstößt – als sei es ein Kinderspiel. Ein ungeheurer Lebenswille steckt dahinter, der beispielgebend für alle Wildpflanzen ist. Doch nicht den Löwenzahn von der Straße sollst du sammeln! Ab April kannst du die Pflanze auf allen Wiesen, an Waldwegen finden – überall. Bis zum Frühherbst blüht der Löwenzahn unentwegt. Je mehr sich der Sommer neigt, um so mehr entwickeln sich die Fruchtstände, die der Pflanze den Namen „Pusteblume" einbrachten. Löwenzahn ist bedauerlicherweise noch als lästiges Unkraut verpönt und wird mit Hartnäckigkeit bekämpft, wenn er beispielsweise im Rasen auftritt. Doch sollte sich jeder Gärtner freuen, sagt ihm doch der Löwenzahn, daß sein Boden ausreichend Kalk enthält, denn kalkarme Böden mag er gar nicht. Löwenzahn ist das „Idealmittel" gegen Frühjahrsmüdigkeit, da er gerade in dieser Zeit ständig frisch zur Verfügung steht und viele Vitamine enthält.

Sammle für den Salat nur die ganz jungen, noch zarten Blätter. Alle ausgewachsenen Teile der Pflanze sind wegen ihres hohen Bitterstoffgehaltes weniger zum Frischverzehr geeignet. Aber wie bei vielen Wildpflanzen kannst du den zu starken Beigeschmack dadurch mildern, daß du die Blätter eine halbe Stunde in kaltem Wasser liegen läßt.

Ein „Muntermacher-Salat" läßt sich mit den zerkleinerten Löwenzahnblättern, etwas Zitronensaft, einigen Tropfen Öl und Zucker anrichten. Würzen solltest du mit Petersilie.

Hartnäckigen Husten kannst du sehr erfolgreich mit 6 bis 8 Löwenzahnblüten bekämpfen, die in Malzbier (eine Flasche genügt) dreimal aufgekocht werden. Ein Spritzer Zitronensaft und etwas Zucker verfeinern den Geschmack.

Der weiße Milchsaft des Löwenzahns ist übrigens nicht giftig, wie man oft glaubt. Aber die Pusteblumen-Schirmchen sind heimtückische Entzündungserreger, wenn sie in die Augen gelangen.

Löwenzahn-Gemüse
Ein delikates Gemüse, das in seinem Geschmack an Rosenkohl erinnert, ergeben die *knospigen Löwenzahnblüten*, die du inmitten der schützenden Blattrosette findest. Laß diese Knospen etwa 5 Minuten in sehr wenig Wasser kochen und schmecke alles mit *Butter*, *Salz*, einer *Prise Zucker* und ein wenig *geriebener Muskatnuß* ab.

Mädesüß

Als Wiesenkönigin ist diese aufrecht wachsende Pflanze bekannt. Die Blätter sitzen auf langen Stielen und sind unpaarig gefiedert (↗ Botanisches ABC).
Ihre gelblichweißen kleinen Blüten befinden sich in dichten Rispen auf langen Stengeln. Sie duften angenehm nach Mandeln. Dieser starke Geruch lockt auch viele Insekten von Juli bis September an. Auf feuchten Wiesen, an Gräben und an Bachufern kannst du das Mädesüß finden. Wenn du Glück hast und eine Schafherde siehst, wirst du beobachten, daß die Schafe Feinschmecker sind und eine besondere Vorliebe für diese Pflanze haben, sie suchen sie ganz gezielt und lassen anderes stehen. In Kleiderschränken verbreiten Mädesüßsträußchen einen angenehmen Duft.

Mädesüß ist vor allem eine Aromapflanze. Du kannst Limonaden, Kompotte, Kaltschalen und Pudding mit Mädesüßblüten verfeinern. Pflücke die Blütenstiele bei Sonne ab und lege sie in ein Stück von einer sauberen Mullwindel, das du dann wie ein Säckchen zubindest.

Pudding mit Mädesüß
Nimm eine *Tüte Sahne-Pudding* und bereite ihn so zu, wie es auf der Packung steht. Wenn die *Milch* kocht, hänge den Mull-Beutel mit den Mädesüßblüten hinein, bis der Pudding fertig ist.

Pfefferminze

Es gibt sehr viele Minzearten, die sich vielfach untereinander kreuzen (↗ Botanisches ABC) und dadurch schwer zu unterscheiden sind. Aber die Pfefferminze findest du leicht heraus. Denn ihre Blätter duften stark nach Menthol, wenn du sie zwischen den Fingern reibst. Menthol ist auch ihr wichtigster Inhaltsstoff, seinetwegen wird die Pfefferminze in großen Mengen angebaut und von der Arzneimittel- und Lebensmittelindustrie genutzt. Auch die Bienen zeigen von Juli bis Septem-

ber eine Vorliebe für die lila Blüten der Pfefferminze.

Schon vor 300 Jahren züchtete man die Pfefferminze aus der Grünen Minze und der Wasserminze. Du findest die Pfefferminze überall dort, wo ein feuchter und nährstoffreicher Boden ist. Auch im Halbschatten unter großen Bäumen gedeiht die Pfefferminze gut. Zupfe die Blätter im Mai und im Juni, bevor die Blüten erscheinen. Du kannst sie trocknen und als Tee verwenden oder auch frisch zu Obstsalaten und in Kräuteressig geben. Auch die Weihnachtsgans bekommt ein besonderes Aroma, wenn deine Mutter die Füllung mit Pfefferminzblättern würzt. Sehr beliebt, besonders in Großbritannien, ist die Mint-Soße, die zu Rindfleisch, Hammelfleisch oder Fisch gegessen wird. Willst du sie einmal selbst zubereiten?

Mint-Soße
Koche etwa 5 Minuten lang *1/2 l Wasser* mit *1/2 Teelöffel Zucker* und *2 Eßlöffel Weinessig*. Dicke den Sud mit 1 Löffel in kaltem Wasser angerührtem *Maisan* an. Nun nimm den Topf vom Feuer und gib *2 Eßlöffel feingehackte Pfefferminze* hinzu. Laß die Soße zugedeckt erkalten. Kurz vor dem Essen rühre noch 1 Eßlöffel feingehackte Minze ein. Schmecke alles mit Salz ab.

Pimpinelle

Die Große Pimpinelle – auch Bibernell genannt – wird bis zu einem Meter hoch. Sie gehört zur Familie der Doldenblütler, deren Angehörige eines gemeinsam haben: Die Blüten und später auch die Früchte stehen auf langen Stengeln in Dolden (↗ Botanisches ABC) zusammen. Von Juni bis Sep-

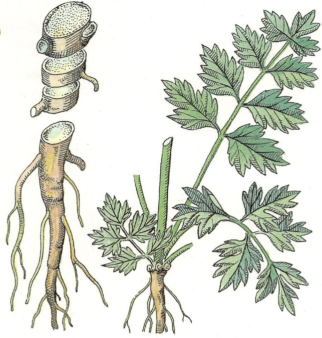

tember erscheinen die weißen bis rosafarbenen Blüten. Du findest die Pimpinelle, die wegen ihrer würzigen Wurzel auch Pfefferwurz genannt wird, auf feuchten Wiesen, an Waldrändern und in lichten Wäldern. Im zeitigen Frühjahr oder im Herbst kannst du die Wurzeln ausgraben. Sie ergeben ein gutes Suppengewürz und verfeinern auch Pilzgerichte und Fleischsoßen.
Die Wurzeln lassen sich frisch und getrocknet verwenden. Fädle die Pimpinellewurzeln zum Trocknen auf und hänge sie an einen schattigen, luftigen Platz. Die zarten Blätter der Pimpinelle, die du vor der Blüte sammeln solltest, sind als Bockspetersilie bekannt, und wie Petersilie werden sie auch genutzt. Zu allen Gemüse-, Pilz-, Eier- und Kartoffelspeisen kannst du frische Blättchen geben. Sie dürfen aber nicht mitkochen. Auch in ein Kräutersträußchen, das du verschenken möchtest, gehören einige Pimpinellezweige. Gut schmeckt Pimpinelle in Quarkspeisen, Kräuterbutter und zum Gurkensalat.

Pimpinelle-Gurkensalat
Du brauchst dazu:
2 Salatgurken,
Salz, Zucker, Pfeffer, Öl,
den Saft von 1 Zitrone,
Pimpinelle, Dill.

Schäle die Gurken, hoble oder schneide sie in feine Scheiben. Gib sie in eine Schüssel und salze sie. Bereite die Salatsoße aus Zucker, Pfeffer, Öl und Zitronensaft. Rühre die Salatsoße unter die Gurken. Hacke die Pimpinelleblätter und etwas Dill fein und mische sie unter den Gurkensalat. Garniere ihn mit ein paar ganzen Pimpinelleblättern.

Salbei

Der Wiesensalbei hat von Mai bis August wunderschöne blaue bis violette Lippenblüten (↗ Botanisches ABC), die gern von Bienen besucht werden. Salbei wird einen halben Meter hoch, besitzt gegenständige, oval-längliche Blätter, die am oberen Teil klebrig behaart sind. Der Gärtner freut sich über Salbeipflanzen im Garten, weil sie Raupen, Läuse und Schnecken fernhalten. Deshalb pflanze eine Rabatte nur aus Salbei um dein Gemüsebeet!

Salbei wird auch Zahnblatt genannt, weil sein Tee den Atem frisch hält. Die bakterientötenden Stoffe im Salbei lindern Entzündungen im Mund und Hals.

Deshalb ist Salbeitee bei Zahnschmerzen ein gutes Gurgelmittel – ersetzt aber nicht den Zahnarzt!

Salbei wächst auf trockenen Wiesen. Er gehört zu den wenigen Küchenkräutern, die ihre größte Würzkraft erst im getrockneten Zustand entfalten. Besonders an Geflügelgerichten schmeckt Salbei gut. Aber gib acht: Er ist sehr würzig und etwas bitter; deshalb verwende ihn nur sparsam.

Schweinekoteletts und Bratkartoffeln bekommen durch Salbei eine besondere Note. Auch für Kräuterbutter ist er durchaus geeignet. Die Fleischer verwenden ihn bei der Wurstherstellung.

Ein schönes Geschenk für deine Mutter ist Salbeiblütenessig.

Salbeiblütenessig

Pflücke im August viele *Salbeiblüten*. Suche dir eine dekorative bauchige Flasche, die sich gut verschließen läßt. Dann gib etwa eine 4 cm hohe Salbeiblütenschicht hinein (ein ganzer Blütenstiel tut's auch) und fülle die Flasche mit *Weinessig* auf. Nun male ein hübsches Etikett und klebe es auf. Die Flasche mußt du gut verschließen und etwa zwei Wochen stehen lassen, bevor der Salbeiblütenessig verwendet wird.

Sauerklee

Europäischer Sauerklee   Wald-Sauerklee

Das Sammeln von Sauerklee ist etwas mühseliger als das von anderen Kräutern. Die kleinen klee-ähnlichen Blättchen sind nur ein bis zwei Zentimeter lang, breit herzförmig und auffallend hellgrün. An sonnigen Tagen kannst du etwas Interessantes beobachten: Die in direkter Sonne befindlichen Blättchen richten sich senkrecht nach unten. Hingegen breiten die im Schatten liegenden Blätter ihre drei Einzelblättchen richtig aus. Abends aber, mit Einbruch der Dunkelheit, nehmen alle Blätter eine „Schlafstellung" ein. Die Blätter und Blüten schließen sich und lassen die Köpfe hängen. Sobald die Sonne wieder scheint, öffnen sie sich wieder.

Der Sauerklee bevorzugt schattige feuchte Wälder und Gebüsche. Er sollte an keinem Wildsalat fehlen, doch iß ihn nur in sehr kleinen Mengen, denn der hohe Oxalsäuregehalt ist nicht jedem bekömmlich! Nimm ruhig mal vom Wandertag ein Sträußchen Sauerklee mit nach Hause und zaubere zusammen mit anderen Pflanzen einen herzhaften Wildkräuter-Salat.

Sauerklee-Wildkräuter-Salat
Sauerklee, *Löwenzahn*- und *Brennesselblätter* waschen, etwas zerkleinern und abtropfen lassen. Aus $1/4 l$ *Joghurt*, etwas *Zitronensaft*, *Salz* und *Zucker* eine Salatsoße bereiten und die Kräuter daruntermischen. Dazu schmeckt ein Butterbrot.

Schafgarbe

Die Schafgarbe findest du auf trockenen Wiesen, an Wegrändern, Feldrainen, auf Äckern und in Gärten. Sie wird bis zu einem halben Meter hoch.

Die länglichen, ganz fein gefiederten Blätter duften stark. An flachen Trugdolden (↗ Botanisches ABC) befinden sich die vielen weißen, gelblichen oder zartrosa Blüten. Die Schafgarbe ist eine der wenigen Pflanzen, von denen du die Blätter auch während der Blütezeit von Juni bis September sammeln kannst. Hänge einfach die gepflückten Stiele zu Bündeln mit den Blüten nach unten zum Trocknen auf. Trockne Schafgarbe besitzt auch als Winterblumenstrauß einen besonderen Reiz.

Schafgarbe gilt als Petersilienersatz. Feingewiegt kannst du die frischen Blätter zu Soßen, Salaten und in die Kräuterbutter geben. Die Blätter haben einen herb-würzigen Geschmack.

Doch am besten schmeckt wohl ein Schafgarben-Tee, er ist aromatisch und appetitanregend.

Schafgarben-Tee
Nimm 3 frische oder getrocknete *Blätter der Schafgarbe*, übergieße sie in einer Tasse mit siedendem Wasser und lasse den Tee etwa 5 Minuten ziehen. Nun süße ihn mit *Honig*. Schmeckt er dir?

Spitzwegerich

Du kennst diese Pflanze sicher, weil man die walzlichen Blütenähren so schön wegschnipsen kann. Aber der Spitzwegerich ist auch eine seit Jahrhunderten bekannte Heilpflanze. Zerquetschte frische Blätter galten als altbewährtes Wundheilmittel. Sie wurden auf Verletzungen, Geschwüre, nässende Hautentzündungen und Insektenstiche gelegt. Der Name „Wegerich" bedeutet so viel wie „Herrscher der Wege". Das stimmt ja auch: An fast jedem Wegrand, auf jeder Wiese, an Ackerrainen und selbst auf Ödländern ist er anzutreffen. Die Pflanze bringt bis zu 30 cm lange spitzauslaufende lanzettliche Blätter (↗ Botanisches ABC) hervor, die in einer grundständigen Rosette stehen. Die Rippen der Blätter sind deutlich zu sehen,

deshalb wird die Pflanze im Volksmund auch Siebenrippe oder Ackerblatt genannt. Auf langen Stielen stehen dann die walzlichen Blütenähren. Der Spitzwegerich blüht den ganzen Sommer.
Du kannst die Blätter von Mai bis August sammeln; dabei achte aber stets darauf, daß du nicht Pflanzen der anderen Wegerich-Arten mit einsammelst. Nun breite sie in dünnen Schichten aus und trockne sie im Schatten. Spitzwegerich hat einen herben, etwas bitteren Geschmack. Vor allem als Hustentee tut er gute Dienste.
Auch an fertiggekochte Kartoffelsuppen oder Eintöpfe kannst du zerkleinerte Spitzwegerichblätter geben.

Spitzwegerich-Spinat
Du brauchst für 2 Portionen:
200 g zarte Spitzwegerichblätter,
20 g Butter,
1 Zwiebel,
Salz, Zucker,
Milch, Mehl.

Wasche und zerkleinere die Spitzwegerichblätter und dünste sie dann in wenig Wasser etwa 10 Minuten. In einem Tiegel zerläßt du die Butter und brätst die kleingehackte Zwiebel gelb. Nun gib den Spitzwegerich hinzu und schmecke alles mit Salz und etwas Zucker ab.
Verrühre das Mehl in der Milch, rühre es unter das Gemüse und koche es bei geringer Hitze noch 1 Minute.

Taubnessel

Sauge doch einmal aus den Blüten der Roten oder auch der Weißen Taubnessel den süßen Nektar. Die Bienen haben diese Kostbarkeit schon längst entdeckt. Die Taubnessel wächst überall, schau nur mal am Gartenzaun, an der Hecke, im Gebüsch oder an Waldrändern nach. Die Weiße Taubnessel bevorzugt stickstoffreiche Böden, sie blüht von April bis Oktober. Die Rote Taubnessel mit ihren rot-violetten Lippenblüten (↗ Botanisches ABC) blüht bereits von März bis Okto-

ber. Die Blätter der Taubnessel sehen denen der Brennessel sehr ähnlich, nur brennen sie nicht.
In der Arzneimittelherstellung wird die Taubnessel als blutregulierendes Zusatzmittel gebraucht.
Beinahe jede Suppe läßt sich mit frischen, zarten Taubnesselblättern würzen. Die Blätter schmecken kräftig scharf. Sammle im sehr zeitigen Frühjahr die jungen Blätter oder den ganzen jungen Pflanzenkopf. Aber nur bei sonnigem Wetter! Das schmackhafte Gemüsegericht mit Taubnesselblättern solltest du probieren.

Taubnessel-Frühlings-Gemüse
Du brauchst dazu:
in etwa gleichen Teilen Brennesselspitzen,
Spinatblätter, Taubnesselblätter,
etwas Butter,
Salz, Pfeffer.

Zerkleinere die Blätter grob und dünste zuerst in wenig Wasser den Spinat und die Brennesseln. Nach 5 Minuten gib die Taubnesseln hinzu. Gieße nach weiteren 5 Minuten ein wenig Wasser ab, gib Butter an das Gericht und schmecke es mit Salz und Pfeffer ab.

Thymian

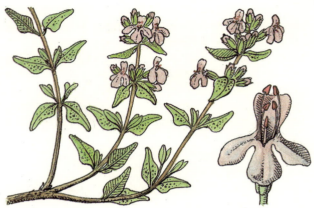

Diese wunderschön blühende, bodendeckende, angenehm duftende Pflanze gehört zur Familie der Lippenblütler (↗ Botanisches ABC), die sich besonders als Familie der Küchenkräuter einen Ruf erworben hat. Zu den Lippenblütlern gehören Salbei, Pfefferminze, Melisse, Majoran, Lavendel, Rosmarin und Thymian. Er wird auch Quendel genannt und ist sehr vielseitig verwendbar: als Heil- und Gewürzpflanze, aber auch als schmückende Steingartenpflanze.
Thymian ist am würzigsten, wenn er mitgekocht wird. Du kannst das gesamte Kraut sammeln, aber besser nur die Blätter von den jungen Trieben. Ihr Geschmack ist besonders würzig, scharf und nelkenartig. Finden wirst du den Sand- oder Feldthymian von Mai bis September auf sonnigen Hügeln, in sandigen Wäldern und an Wegrändern. Thymian paßt

beinahe an jedes Fleischgericht. Deshalb trockne ein Sträußchen als Geschenk für die ganze Familie. Bohnensuppen werden durch Thymian erst so richtig pikant. Und ein Thymiantee mit Honig ist ein gutes Mittel gegen Erkältungskrankheiten. Wenige frische Blätter schmecken gut in der Kräuterbutter und im Kräuterquark. Wie wäre es, wenn du dich am weihnachtlichen Kochen beteiligst? Du könntest die Füllung für das Geflügel zaubern, denn dazu brauchst du unbedingt Thymian.

Thymian-Füllung
Du brauchst dazu:
1 kleine feingehackte Zwiebel,
100 g geriebene Semmel,
1 Eßlöffel Schmalz,
2 Eßlöffel Thymian,
2 dünne Streifen Speck,
1 Ei,
Saft von 1 Zitrone,
Pfeffer und Salz.

Zerlasse das Schmalz in der Pfanne. Bräune den Speck und die Zwiebel kurz an. Gib das Semmelmehl, den Thymian und Salz und Pfeffer dazu. Schmecke mit Zitronensaft ab. Verquirle das Ei, rühre es darunter und lasse dann alles ein wenig stehen. Diese Mischung eignet sich vorzüglich als Füllung für die Ente, die Gans oder das Huhn.

Veilchen

Von März bis Mai kannst du Märzveilchen an Waldrändern, an Hecken und im Gras an Wegen sammeln. Pflücke sie aber nur, wenn sehr viele Veilchen an einer Stelle stehen, denn sie sind selten geworden. Wenn du einmal Veilchensamen dort ausstreust, wo du Ameisen entdeckt hast, wirst du beobachten, daß sie begierig die Samen auflesen und mitschleppen. Entfernst du aber zuvor die kleinen fleischigen Anhängsel der Samen, so bleiben sie von den Ameisen unbeachtet.

Tatsächlich sammeln diese Insekten Veilchensamen nur wegen dieses süßschmeckenden Teils. Sie knabbern ihn meist auf dem Weg zum Bau auf und lassen die eigentlichen Samenkörner liegen. Die Körnchen keimen aus, und so kommt es, daß Veilchen besonders häufig da wachsen, wo Ameisen ihrer Wege ziehen. Das Veilchen duftet angenehm süßlich und schmeckt zart bitter. Sammeln kannst du die jungen Blätter und die Blüten. Für Blattsalate und Kohlgemüse sind sie eine pikante Verfeinerung. Auch als Hustentee ist das Veilchen gut geeignet. Und aus Veilchenblüten kann man einen süßen Sirup herstellen.

Zu deinem Geburtstagstisch, vorausgesetzt, du hast im Frühjahr Geburtstag, könntest du einmal mit Veilchen garnierte Speisen auftragen. Zum Beispiel einen Eiersalat. Auch an Kräuteröl oder Kräuteressig kann man das Veilchen geben. Und Spinat wird mit Veilchenblättern und -blüten erst so richtig aromatisch.

Doch versuch es einmal mit kandierten Veilchenblüten. Du wirst mit diesen Bonbons sicher Begeisterung erwecken!

Kandierte Veilchenblüten

Schlage ein *Eiweiß* fast steif, gib etwas *Zuckersirup* hinzu. Trage diese Mischung mit einem sehr weichen Pinsel vorsichtig auf die *Veilchenblüten* auf. Wälze die Blüten dann in *Puderzucker* und lasse sie über Nacht trocknen.

Am anderen Tag hast du eine vorzügliche Leckerei.

Vogelmiere

Wer einen Garten hat, ist vielleicht erbost über die teppichartige wuchernde Vogelmiere. Und dabei bedeutet das doch nur, daß der Boden sehr humusreich ist. Denn die einjährige (↗ Botanisches ABC) Vogelmiere wächst nur auf fruchtbaren Böden, unter Sträuchern, an Waldrändern. Dort breitet sie

sich üppig aus. Nur wenigen ist bekannt, daß sie uns damit fast das ganze Jahr über frische Vitamine anbietet. Ob als Salat mit Brunnenkresse, Brennessel und Löwenzahn oder als Suppe – Vogelmiere ist ein ausgezeichneter, leider zu oft verkannter Vitaminspender.

Die Vogelmiere hat ihren Namen bekommen, weil die Vögel längst ihren Wert schätzen und gern ihre Blätter picken. Du erkennst die Pflanze an den kleinen gegenständigen ovalen Blättern (↗ Botanisches ABC). Wenn du einen Wellensittich hast, suche auch für ihn die kleinen Blätter. Die Pflanze kriecht am Boden entlang und bedeckt ihn fast völlig mit ihrem frischen Grün. Sie hat winzige weiße Blüten.

Vogelmiere-Salat
Du brauchst dazu:
1 großes Bund Vogelmiere,
2 Äpfel,
1 Flasche Joghurt,
etwas Schnittlauch,
Zucker, Salz, etwas Öl.

Schäle die Äpfel, schneide sie in Viertel, entferne das Kernhaus und schneide die Apfelstücke in ganz kleine Stückchen. Wasche die Vogelmiere im Sieb unter fließendem Wasser. Lasse sie abtropfen und zerhacke sie grob. Wasche und schneide den Schnittlauch. Verrühre den Joghurt mit Zucker, Salz und Öl. Gib Apfel, Schnittlauch und Vogelmiere in die Salatsoße und vermische alles vorsichtig.

Wiesenknöterich

Der Wiesenknöterich wird auch Schlangenknöterich oder Schlangenwurz genannt, weil seine Wurzeln einen dicken, mehrfach gewundenen Stock bilden. Er kann bis zu einem Meter hoch werden. Die walzenförmigen Blüten erscheinen reichlich von Juni bis August, was natürlich unsere Bienen zu schätzen wissen. Die Blütenhüllblätter sind meist rosa, selten weiß. Den Knöterich wirst du auf allen feuchten Wiesen finden, besonders im Süden unseres Landes. Sammle die zarten jungen Blätter im Mai. Wenn du dir das Bild anschaust, wirst du feststellen, daß du den Knöterich längst kennst. Aber wußtest du, daß seine Blätter ein wertvolles Wildgemüse abgeben? Er gehört zur gleichen Familie wie der Sauerampfer, hat aber nicht dessen hohen Oxalsäuregehalt. Knöterichblätter schmecken im übrigen noch besser als Spinat. Doch eine besondere Delikatesse sind Knöterich-Kartoffel-Bällchen. Laß dir bei der Zubereitung helfen, denn hierzu braucht es schon einen geübten Koch!

Knöterich-Kartoffel-Bällchen
Du brauchst dazu:
etwa 500 g frische Knöterichblätter,
750 g Kartoffeln,
Salz, 2 Eigelb, 1 Ei,
1 Teelöffel Stärkemehl,
etwas Semmelmehl, geriebene Muskatnuß
und reichlich Öl.

Die geschälten Kartoffeln kochst du in Salzwasser gar, gießt sie ab und zerquetschst sie heiß. Laß sie am besten auf einem Blech ausgebreitet erkalten. Dann verrühre die kalten Kartoffeln mit den Eigelb und Stärkemehl, gib die kleingehackten Knöterichblätter hinzu und forme aus dem Teig kleine Kugeln. Schlage das Ei in einem Teller schaumig. Gib in einen zweiten Teller das Semmelmehl. Wälze nun die Kugeln zuerst in Ei und dann in Semmelmehl. In heißem Öl werden die Bällchen schwimmend goldgelb ausgebacken.

Wiesenschaumkraut

Hast du schon einmal auf den Wiesen weiße Schaumflöckchen bemerkt? Sie sitzen am Wiesenschaumkraut. Die Schaumklümpchen haben der kleinen Wiesenblume den Namen gegeben. In den Schaumflocken verbergen sich die Larven einer winzigen

Zikade, der Schaum schützt sie vor Trockenheit. Das Wiesenschaumkraut wächst auf nassen, sumpfigen Wiesen und blüht von Mai bis Juli in zartlila Farbtönen. Die gefiederten Blätter dieser Pflanze sind wie bei vielen Gewächsen, die an nassen Stellen wachsen, saftstrotzend. Berühren die unteren Blätter den Boden oder auch nur das Wasser, so entstehen an ihnen bald Knospen, die sich zu neuen Pflanzen entwickeln. Auf diese Weise kommt es dazu, daß eine sumpfige Wiese wie mit einem Teppich ganz mit Wiesenschaumkraut bedeckt ist.

Die Blätter kannst du essen, sie schmecken wie Brunnenkresse, also etwas scharf, wie Rettich. Als Zugabe zu Eiersalaten, Gemüsesalaten oder einfach kleingeschnitten auf das Butterbrot gestreut, sind sie aber nicht zu verachten. Gehe im April schon auf die Suche, ziehe dir dabei Gummistiefel an.

Wiesenschaumkraut-Käse
Zerhacke eine Handvoll *Wiesenschaumkrautblätter* ganz fein und mische sie unter weichen *Schmelzkäse* (Kräuterkäse).
In Würfel geschnittener *Camembert* läßt sich wie ein Salat mit Wiesenschaumkrautblättchen mischen.

Kräuter-Sammelkalender

	1.*	2.	3.	4.	5.	6.	7.	8.	9.	10.	11.	12.
Baldrian											🌿	
Bärenlauch				🍃	🍃							
Beifuß						🌱	🌱	🌱				
Beinwell					🍃	🍃						
Brennessel				🍃	🍃	🍃	🍃					
Brunnenkresse					🍃	🍃	🍃	🍃				
Echte Kamille						🌼	🌼	🌼	🌼	🌼		
Gänseblümchen				🌼	🌼	🌼	🌼	🌼	🌼	🌼	🌼	

Kräuter-Sammelkalender

	1.*	2.	3.	4.	5.	6.	7.	8.	9.	10.	11.	12.
Gänsefuß				🌿	🌿	🌿						
Heidekraut							🌿	🌿	🌿	🌿		
Hopfen				🌿	🌿	🌿						
Huflattich			🌸	🌸								
Kalmus										🌱	🌱	
Königskerze							🌸	🌸	🌸			
							🍃	🍃	🍃			
Löffelkraut				🌿	🌿							
Löwenzahn						🌸	🌸	🌸				
					🌿	🌿	🌿	🌿				
Mädesüß							🌸	🌸	🌸			
Pfefferminze					🌿	🌿	🌿					
Pimpinelle			🌿		🌿	🌿						
Salbei						🌿	🌿	🌿	🌿			
Sauerklee					🌿							
Schafgarbe				🌿	🌿	🌿						
Spitzwegerich							🌿	🌿	🌿	🌿		
Taubnessel				🌿	🌿	🌿						
Thymian			🌿	🌿	🌿							
Veilchen						🌸	🌸	🌸	🌸			
Vogelmiere			🌿	🌿	🌿	🌿	🌿	🌿	🌿	🌿	🌿	
Wiesenknöterich				🌿	🌿	🌿						
Wiesenschaumkraut				🌸	🌸	🌸						

* Die Zahlen von 1. bis 12. bezeichnen die Monate. Zum Beispiel ist 1. = Januar, 2. = Februar...

Auf Pilzsuche

Wenn im Spätherbst sich die Blätter der Bäume verfärben und es stiller geworden ist im Wald und auf der Wiese, beginnt die Hauptzeit der Pilze. Möchtest du Pilze sammeln? Dann solltest du dieses Kapitel sehr aufmerksam lesen und deine ersten selbstgesammelten Pilze unbedingt einem Pilzsachverständigen zeigen! Nicht umsonst sagt der Volksmund: „Jeder Pilz ist eßbar, mancher aber nur einmal!" Und so mancher eßbare Pilz hat einen giftigen Doppelgänger, der ihm zum Verwechseln ähnlich sieht. In fast allen Ortschaften gibt es in der Pilzsaison Pilzberatungsstellen. Wo diese sich in deinem Wohnort befinden und wann sie geöffnet haben, kannst du in den Tageszeitungen lesen.

Pilze findest du nicht nur am Wegesrand oder im Hochwald, sondern auch im Walddickicht und in unwegsamem Gelände. Deshalb ziehe strapazierfähige Kleidung und feste Schuhe an. Nimm einen Korb mit, in ihm werden die Pilze nicht gequetscht. Auf keinen Fall darfst du Pilze in Plasttüten und Folienbeutel sammeln, die Pilze beginnen zu schwitzen und entwickeln dann sehr bald giftige Substanzen. Ein Taschenmesser nimm auch mit, denn mancher Pilz läßt sich nicht einfach abdrehen. Du kannst ihn dann mit dem Messer sauber abschneiden, ohne jedoch das Myzel (↗ Botanisches ABC) zu verletzen. Das ist sehr wichtig für das weitere Wachsen der Pilze. Du möchtest doch auch im nächsten Jahr wieder mit Erfolg auf Pilzsuche gehen! Dann mach dir die Mühe und decke nach dem Abschneiden die Schnittstellen wieder mit feuchter Erde oder mit Moos zu. Auf diese Weise schützt du das Myzel am besten vor dem Austrocknen.

Und noch etwas: Ein richtiger Pilzfreund – ein solcher willst du ja werden – vernichtet nie diejenigen Pilze, die er selbst nicht sammelt. Denn auch die ungenießbaren und giftigen Arten sind ein anmutiger Schmuck unserer Wälder. Denk doch nur an die leuchtende Schönheit des Fliegenpilzes! Laß ihn den Rehen und Wildkaninchen, weil sie von ihm naschen können, ohne Schaden zu nehmen.

Pilze lieben feuchte Plätze, sie dürfen sogar dunkel sein. Sie benötigen fast kein Sonnenlicht zum Wachstum; denn sie haben kein Chlorophyll (↗ Botanisches ABC). Das ist der Grund, weshalb du sie im dunklen Waldunterholz, unter dichtem Laub oder sogar tief

im Gras versteckt, oft reichlich findest. Übrigens erfährst du manchmal schon aus dem Namen des Pilzes einiges über seinen Standort. Zum Beispiel ist der Birkenpilz in der Nähe von Birken zu finden.

Die Pilze bestehen aus dem oberirdischen Fruchtkörper und dem unterirdischen Myzel. Sie brauchen zum Gedeihen abgestorbene organische Stoffe. Suche sie deshalb besonders dort, wo verrottetes Laub, Nadeln, Baumstubben, Reste von anderen Pflanzen oder auch Kot von Tieren in der Erde ist. Einige Fruchtkörper der Pilze haben **Röhren**, die wie ein Schwamm aussehen, andere aber **Lamellen**, die an aufgeblätterte Buchseiten erinnern. Prüfe zuerst dieses eindeutige Unterscheidungsmerkmal, ehe du den entdeckten Pilz abschneidest. Sei besonders vorsichtig bei Pilzen mit weißen Lamellen. Die Farbe des Hutes ist kein sicheres Kennzeichen, sie verändert sich oft – je nach klimatischen und geologischen Bedingungen. Schiebe Laub, Moos und Erde ein wenig beiseite, damit du auch den Stielansatz zu sehen bekommst.

Wenn der Stiel in Form einer Knolle aus dem Boden herauskommt und die Knolle unten in einer lockeren weißen Haut steckt, dann gehört er mit Sicherheit zu den hochgiftigen Grünen Knollenblätterpilzen, die tödlich sein können!

Laß dir nicht einreden, daß giftige Pilze am Geschmack zu erkennen seien. Das stimmt nicht! Die meisten giftigen Pilze sind weder bitter noch unangenehm im Geschmack.

Solltest du versehentlich doch einmal einen giftigen Pilz gegessen haben, so versuche sofort zu erbrechen, indem du dir zwei Finger in den Hals steckst. Gehe mit dem Erbrochenen schnell zum Arzt! Doch wenn du dich vorher ganz genau über deine gesammelten Pilze informiert hast, brauchst du keine Angst zu haben.

Und noch etwas solltest du beachten: Koste niemals rohe Pilze, denn viele Speisepilze werden erst durch das Garen bekömmlich.

Du wirst dich wundern, daß du den Butterpilz nicht in diesem Kapitel findest. Vor nicht allzu langer Zeit galt er noch als guter Speisepilz. Inzwischen aber haben Pilzforscher herausgefunden, daß er vielen Menschen nicht bekommt. Also laß ihn besser stehen.

Pilze sind nicht nur schmackhaft, sondern auch sehr gesund, weil sie viel Eiweiß, Vitamine, Kohlehydrate und wichtige Mineralstoffe enthalten. Hast du einen Speisepilz gefunden, so suche in seiner direkten Nachbarschaft nach weiteren, denn sehr oft hat er noch „Geschwister".

Wie du aus deinen Pilzen leckere Speisen bereiten kannst, erfährst du in diesem Kapitel.

Vorher mußt du die Pilze putzen. Entferne Erde, Gras und Moos, aus sehr großen Pilzen auch das Röhrenfutter. Dann schneidest du den Pilz halb durch, vom Hut durch den Stiel. Prüfe, ob er „madig" ist. Nun wäschst du die Pilzhälften und schneidest sie in Scheiben. Willst du Pilze trocknen, werden sie nur geputzt, aber nicht gewaschen. Pilze schnell verarbeiten! Pilzgerichte sofort essen. Nur im

Kühlschrank kannst du sie bis zum nächsten Tag aufbewahren und aufwärmen!
Vielleicht versuchst du es in diesem Herbst einmal mit einer Pilzwanderung? Am besten geeignet dafür sind die frühen Morgenstunden.

Austernseitling

Es ist falsch zu glauben, daß im Winter aus dem Wald nichts Eßbares zu holen ist. Du wirst staunen: Einen sehr schmackhaften Pilz hält gerade diese Jahreszeit für dich bereit. Der Austernseitling ist der Pilz der Wintermonate. Er wächst vom Beginn des Herbstes bis weit in den Dezember hinein, manchmal sogar bis in den Februar des nächsten Jahres. Du kannst ihn auf Stämmen und Stubben von Laubbäumen finden. Vor allem auf Pappeln, Buchen und Weiden fühlt er sich wohl. Die Pilze stehen wie Dachziegel übereinander. Vom kurzen dicken weißlichen Stiel sieht man nicht viel. Der Hut ist graublau, grau oder gelbgrau bis ockerbräunlich und dickfleischig. Seine Form erinnert an einen schiefen Trichter mit stark eingerolltem Rand. Die Lamellen sind bei jungen Austernseitlingen weiß, bei den älteren gelblich. Dicht gedrängt laufen sie bis zum Stielende herab.
Auch in unsere Gärten hat die Kulturform des Austernseitlings Einzug gehalten.
Nimm nur die jungen Pilze, denn die älteren sind zäh. Das weiße Fleisch wird vor dem Zubereiten ganz klein geschnitten. So kannst du bis in die Weihnachtszeit deine Familie mit einem frischen Pilzgericht überraschen.

Gedünstete Austernseitlinge
Nimm *1 kg Austernseitlinge*, putze, wasche und schneide sie klein. Lasse in einem Tiegel etwas *Butter oder Margarine* aus und dünste eine *kleingeschnittene Zwiebel* darin. Nun kommen die Austernseitlinge in das heiße Fett, würze sie mit *Salz* und *Pfeffer*. Nach etwa 5 Minuten gib noch *2 Eßlöffel Wasser* hinzu. Bei geringer Hitze gar dünsten (etwa

20 Minuten). Streue feingewiegte *Petersilie* darüber.
Dieses Pilzgericht paßt besonders gut zu Geflügel.

Birkenpilz

Den Birkenpilz – in manchen Gegenden auch Kapuziner genannt – findest du von Juli bis Oktober am häufigsten unter Birken. Er geht – wie viele Pilzarten mit anderen Pflanzen – mit der Birke eine Symbiose (↗ Botanisches ABC) ein. Das Pilzgeflecht umwächst die Baumwurzeln und verbindet sich mit deren Faserwurzeln und versorgt diese mit mineralischen Stoffen. Die Bäume wiederum leiten den Pilzen alle die organischen Stoffe zu, die sie nicht selbst produzieren können. Da sich manche Pilzarten auf bestimmte Baumarten spezialisiert haben, erleichtern sie dir das Auffinden. Der Birkenpilz hat einen braunen kahlen Hut und einen schlanken Stiel. Er zeigt schwärzliche Fasern und ist mit flockigen Schuppen besetzt. Die Röhrenschicht ist dick, grau, polsterförmig und leicht von der Hutkappe abzulösen. Beim Kochen färbt sich das Fleisch des Birkenpilzes grauschwarz. Ältere Birkenpilze werden weich und wäßrig und haben oft „Besuch" von Maden.
Der Birkenpilz wird leicht mit der ebenfalls eßbaren Rotkappe verwechselt. Lies unter Rotkappe nach, dann wirst du sehen, daß sie einen dickeren Stiel hat und ihre Huthaut leicht filzig ist.

Birkenpilz-Schnitzel
Putze die Pilze, löse die Röhrenschicht ab und schneide die *Pilze* in Scheiben. Dann paniere sie: Verquirle *1 Ei* und gib es auf einen Teller. Auf einen zweiten Teller gibst du *Paniermehl*. Beides hast du zuvor mit *Salz* und *Pfeffer* gewürzt. Ziehe die Pilzscheiben erst durch das Ei und „wälze" sie dann im Paniermehl. Nun brate sie in etwas *Butter oder Margarine* goldgelb bei geringer Hitze. Du mußt das Pilzschnitzel mehrmals umwenden, damit es nicht anbrennt.

Goldröhrling

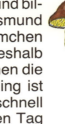

Unter den Lärchen am Waldweg wirst du im Sommer und Herbst einen schönen „Röhrling" (↗ Botanisches ABC) finden können, der den Namen „Goldröhrling" mit Recht verdient. Der Jungpilz hat einen rotgelben Hut, später färbt er sich leuchtend goldgelb. Der Stiel ist ebenfalls goldgelb. Nur im unteren Teil ist er braunfleckig gemasert, und direkt unter dem Hut hat er rotbraune Tupfen. Der weißgelbe „Schleier" zwischen Hut und Stiel, der bei jungen Pilzen als Haut über den Röhren sitzt, reißt mit zunehmendem Alter und bildet eine wulstige Manschette. Im Volksmund wird der Goldröhrling auch Schleimchen genannt, weil er sehr schleimig ist. Deshalb ziehe ihm sofort nach dem Herausdrehen die schleimige Huthaut ab. Der Goldröhrling ist leicht verderblich, also besonders schnell verarbeiten und nicht bis zum nächsten Tag aufheben! Das gelbe Fleisch dieses schönen Pilzes ist weich und zart, bei älteren Exemplaren wird es schwammig.

Goldröhrling-Suppe
Du brauchst dazu:
500 g Kartoffeln,
etwa 250 g Goldröhrlinge,
1 Zwiebel,
1/2 l Milch, 3/4 l Wasser,
50 g Margarine,
Salz, Pfeffer, Petersilie.

Koche die gewaschenen Kartoffeln mit der Schale weich. Schäle sie und zerstampfe sie in einem Topf. Erhitze die Milch und das Wasser. Gib beides heiß über die Kartoffeln. Rühre alles gut um und salze etwas. Schneide die geputzten und gewaschenen Pilze in dünne Scheibchen, dünste sie zusammen mit der kleingeschnittenen Zwiebel in heißer Margarine 10 bis 15 Minuten und rühre die Pilze unter die Kartoffeln. Lasse das ganze noch etwa 5 Minuten kochen und gib nach Geschmack Pfeffer dazu. Bevor du die Suppe servierst, streue reichlich feingewiegte Petersilie darüber und würze mit Thymian.

Hallimasch

Dieser Pilz ist ein Schmarotzer (↗ Botanisches ABC). Er befällt abgestorbenes oder auch lebendes Laub- und Nadelholz. Mit seinen schwärzlichen Myzelsträngen durchzieht er den Boden und sucht nach neuer „Beute". Er ist ein richtiger Baumschädling. Deshalb freut sich der Förster, wenn du recht viel Hallimasch sammelst. Das dürfte dir nicht schwerfallen, er kommt in ganzen Büscheln vor. Interessant ist, daß der sehr giftige grünblättrige Schwefelkopf ein natürlicher Feind des Hallimasch ist. Wo der Grünblättrige Schwefelkopf lebt, gibt es keinen Hallimasch. Der Hallimasch zählt zu den ausgesprochenen Herbstpilzen. Ab September kannst du ihn an Laub- und Nadelholzstümpfen oft in riesigen Mengen finden. Sein weißlicher, gelblicher oder bräunlicher Hut hat die Form einer Glocke oder Halbkugel. Er ist mit feinen braunen Schüppchen besetzt. Junge Hüte sind durch einen weißen „Schleier" vom Stiel getrennt, der später als Ring unter dem Hut steht. Der Hallimaschstiel ist unten oft stark angeschwollen. Die Lamellen sind weißlich, werden später bräunlich und geben bei größeren Pilzen weiße Sporen ab. Daran kannst du ihn auch von anderen Pilzen unterscheiden, z.B. von dem nicht gut schmeckenden sparrigen Schüppling.

Eines ist sehr wichtig! Hallimasch darf auf keinen Fall roh gegessen werden, in diesem Zustand ist er giftig! Koche ihn deshalb immer

mehr als eine halbe Stunde und gieße das Kochwasser weg! Aber keine Angst, als Pilzgericht ist er, wenn du all dies beachtest, eine Delikatesse.

Hallimasch-Soße
Du brauchst dazu:
800 g Hallimasch,
40 g Butter,
1 Eßlöffel Mehl,
¼ l saure Sahne,
Salz, Pfeffer, Dill, Liebstöckel.

Koche die geputzten, gewaschenen und kleingeschnittenen Hallimasche in Wasser mindestens eine halbe Stunde lang. Lasse sie in einem Sieb abtropfen und schütte das Pilzwasser weg. Erhitze die Butter in der Pfanne und rühre einen Eßlöffel Mehl darunter. Gib unter Rühren die saure Sahne hinzu und würze alles mit Salz, Pfeffer, Dill und Liebstöckel. In diese Soße gibst du die Pilzscheiben. Lasse alles noch einmal aufkochen und bestreue dann deine herrliche Pilzsoße mit gehackter Petersilie. Buletten schmecken gut dazu.

Krause Glucke

Eine besondere Freude wird es für dich sein, wenn du eine Krause Glucke findest. Denn dann hast du mit einem einzigen Pilz die ganze Mahlzeit beisammen. Es gibt Exemplare, die mehrere Kilogramm wiegen. Die Krause Glucke wächst in Kiefernwäldern von Juli bis November. Ihr Fruchtkörper erinnert an einen echten Badeschwamm oder an einen Blumenkohl. Sie wird im Volksmund auch Fette Henne genannt, weil sie wie eine sitzende Henne oder Glucke im Schatten der alten Kiefern oder auch an Buchen und Eichen (dann ist es eine andere Art der Krausen Glucke) anzusehen ist. Ihre jungen Exemplare kannst du vorsichtig mit dem Messer abschneiden. Laß aber den zähen Strunk mit einigen Endästchen stehen und merke dir die Stelle. Nach wenigen Tagen kannst du dann einen weiteren, wenn auch kleineren Fruchtkörper ernten. Die Krause Glucke mit ihrem nußartigen Geschmack ist ein schmackhafter, aromatischer Pilz.

Eines mußt du aber beachten, in den dichten welligen Ästchen können sich viel Schmutz und auch kleine Insekten oder Schnecken verbergen. Putze, teile und wasche daher diesen Pilz besonders gründlich.

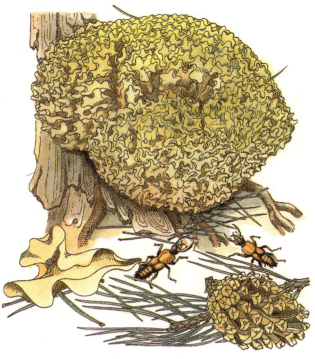

Gebratene Krause Glucke
Wälze den gesäuberten *Pilz* in *Mehl* und brate ihn in zerlassener *Butter* goldgelb. Nun würze ihn mit wenig *Salz* und *Pfeffer* und bestreue

ihn mit feingehackter *Petersilie*. Das ist ein Pilzgericht, das ausgezeichnet zu Kartoffelbrei paßt.

Marone

Überall im Wald, besonders unter Nadelbäumen, aber auch manchmal unter Laubbäumen und zwischen Moos und zwischen den Büscheln des Grases wächst die kleine Schwester des Steinpilzes, die Marone. Wegen des dunkelbraunen Hutes wird sie auch Braunhäuptchen genannt. Von Juli bis in den November hinein kannst du Maronen sammeln. Der braune Hut ist bei jungen Pilzen feinfilzig, später wird er dann glatt und etwas klebrig. Die Röhren haben eine gelbe bis grüngelbe Farbe. Bei leichtem Druck färben sie sich bläulich.

Die Marone ist ein wertvoller Speisepilz, weil du mit ihr alle möglichen Pilzgerichte bereiten kannst. Achtung! Die junge Marone ist leicht mit dem ungenießbaren bitteren Gallenröhrling zu verwechseln. Er hat aber rosa gefärbte Röhren. Beim Andrücken werden sie nicht blau, wie bei der Marone, sondern rotbraun.

Getrocknete Maronen
Die Marone eignet sich auch gut zum Trocknen. Nimm dafür aber nur junge Pilze. Putze sie besonders gründlich, weil Pilze, die du trocknen willst, nicht gewaschen werden dürfen. Schneide sie in dünne Scheiben. An heißen Tagen kannst du die Pilzscheiben draußen auf Papier auslegen oder locker auffädeln und als Kette an der Luft trocknen. Ist das Wetter regnerisch, frage deine Eltern, wo du die Pilzstückchen im Zimmer trocknen kannst. Bestimmt erlauben sie dir, sie am Kachelofen oder an einem anderen warmen Platz auf Papier auszubreiten.

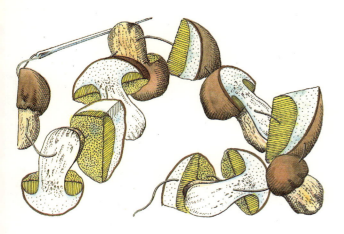

Pfifferling

Kennst du das Sprichwort „Er ist keinen Pfifferling wert"? Dahinter steckt vermutlich, daß der Pfifferling gar kein so wertvoller Speisepilz ist, wie oft angenommen wird. Er ist zwar wohlschmeckend, aber etwas schwer verdaulich. Deshalb zerkleinere ihn gut und iß ihn nicht in Riesenportionen. Trotzdem solltest du die jungen Pfifferlinge in dein Pilzprogramm mit aufnehmen. Vom Frühsommer bis in den Herbst hinein findest du sie in Nadel-

Maronenragout im Kartoffelnest
Du brauchst für 4 Portionen:
800 g Maronen,
1 Eßlöffel Margarine,
1 Zwiebel, 3 Tomaten,
Salz, Pfeffer,
eine Messerspitze Curry, Petersilie.

Putze die Pilze, wasche sie und schneide sie in kleine Stücke. Schmore sie in zerlassener Margarine zusammen mit der kleingehackten Zwiebel. Nach etwa 10 Minuten gib die in Scheiben geschnittenen Tomaten, Pfeffer, Salz und Curry hinzu und lasse das Gericht bei geringer Hitze weiter schmoren.
Nun bereite den Kartoffelbrei zu und gib ihn mit einer Kelle auf die Teller. Drücke in die Mitte ein Loch, dort hinein kommen die geschmorten Maronen. Mit feingehackter Petersilie kannst du das Kartoffelnest garnieren.

wäldern und Laubwäldern. Suche vor allem unter Fichten, denn zu ihnen fühlt sich der Pfifferling besonders hingezogen. Sein Hut ist gelb, manchmal auch weißlich gelb, vielgestaltig gewölbt und bei älteren Pfifferlingen trichterförmig. Der Rand ist anfangs eingerollt und später meistens stark wellig. Die Blätter sehen aus wie Lamellen, werden aber hier 91

Leisten genannt. Sie sind dick, gelb, stehen entfernt und gabeln sich. Der glatte, feste gelbe Stiel wird nach unten schlanker. Pfifferlinge duften ganz leicht nach Aprikose.
Achtung! Du kannst den Echten Pfifferling leicht mit dem Falschen Pfifferling verwechseln. Sie ähneln sich, obwohl sie gar nicht miteinander verwandt sind. Der Falsche Pfifferling ist aber nicht hellgelb, sondern orangefarben. Schau dir auch seinen Hut genau an. Er ist nur flach gewölbt und nur flach trichterförmig. Sein Fleisch ist dünner als beim Echten Pfifferling. Der Falsche Pfifferling ist im übrigen nicht giftig, er schmeckt nur unangenehm.

Rührei mit Pfifferlingen
Du brauchst für 3 bis 4 Portionen:
500 g Pfifferlinge,
3 kleine Zwiebeln,
etwas Butter,
5 Eier,
Schnittlauch,
Garten- oder Brunnenkresse,
Salz, Pfeffer,
etwas gemahlenen Kümmel,
Toastbrot.

Putze die Pfifferlinge, wasche sie und schneide sie in dünne Scheibchen. Zusammen mit den kleingehackten Zwiebeln schmore sie nun so lange in der Butter, bis die Flüssigkeit verdampft ist. Nun verquirle die Eier gut und würze mit Salz, Pfeffer und Kümmel. Schütte sie über die Pilze und rühre so lange, bis das ganze dick wird. Vorsicht! Das Rührei brennt leicht an. Bestreue es mit Schnittlauch und gehackter Brunnenkresse und gib das Pilzrührei auf Toastscheiben.

Rotkappe

Eine Rotkappenart wächst von Juni bis Oktober unter Espen. Andere Rotkappen kannst du unter Birken, Eichen, Fichten und Kiefern finden. Jede Rotkappe hat „ihren" Baum. Du wirst beobachten können, daß sich diese Rot-

kappen im Farbton ihrer Hüte voneinander unterscheiden. Die Rotkappe hat einen halbkugeligen Hut, der im Alter ausladend gewölbt ist. Die Huthaut hängt am Rand herunter. Die Farbe des Hutes ist orangerot bis bräunlich. Die Röhren sind weißlich, später werden sie graubraun. Der Stiel der Rotkappe ist anfangs weiß, später graubraun und hat dunkle Schuppen. Seine Form erinnert an eine Keule. Du kannst sie leicht mit dem Birkenpilz verwechseln. Aber das ist ohne Bedeutung, da beide Pilzarten sehr schmackhaft sind.

Erschrick nicht, wenn das weiße Pilzfleisch beim Durchschneiden grau und beim Kochen sogar schwarz wird. Die Rotkappe schmeckt trotzdem köstlich.

Rotkappe mit Hörnchen
Du brauchst für 4 Portionen:
400 g Hörnchennudeln,
500 g Rotkappen,
100 g Schinkenspeck,
2 Zwiebeln,
4 Eßlöffel Öl,
2 Eßlöffel Reibekäse,
Salz, Pfeffer,
Petersilie.

Koche die Nudeln weich, spüle sie mit kaltem Wasser ab und lasse sie in einem Sieb abtropfen.
Putze und wasche die Rotkappen, schneide sie in Scheiben. Brate den gewürfelten Speck aus, gib die zerkleinerten Zwiebeln und dann die Pilze dazu und lasse alles 15 Minuten dünsten.
Inzwischen schwenke die Nudeln in heißem Öl und vermische sie dann mit den Pilzen. Schmecke das Gericht mit Salz und Pfeffer ab. Streue den Reibekäse und die Petersilie darüber. Dazu schmeckt grüner Salat.

Steinpilz

Von einer Pilzwanderung einen Steinpilz mit nach Hause zu bringen, ist ein besonderer Erfolg. Denn nicht ohne Grund trägt er seinen Namen und erfreut sich so großer Beliebtheit. Sein Fleisch ist sehr fest und bleibt auch beim Andrücken und beim Zubereiten weiß. Von Juli bis Oktober findest du ihn im Laub- und Nadelwald, vor allem auf sauren, humusreichen Böden. Steinpilze wachsen grundsätzlich nur unter Bäumen, weil sie mit bestimm-

ten Baumarten eine Symbiose (↗ Botanisches ABC) eingehen.
Eine Steinpilzart ist schon im Mai unter Eichen zu finden, andere wiederum wachsen unter Buchen, Kiefern oder Fichten. Der Steinpilz ist ein typischer Dickfußröhrling. Der Hut dieses Pilzes ist hell- bis dunkelbraun, glatt und beim älteren Pilz feucht-schmierig. Anfangs sieht er aus wie eine Kugel, später wie ein dickes Kissen. Die Röhren sind weiß und werden im Alter grünlich-gelb. Der Stiel ist weißlich oder blaßbräunlich mit weißem Adernetz. Der Steinpilz eignet sich gut zum Trocknen, Braten und Schmoren.
Achtung! Verwechsle ihn nicht mit dem Gallenröhrling. Dieser hat weiß-rosa Röhren. Drücke einmal mit dem Finger in das Schwammpolster. Färbt es sich rötlichbraun? Wenn ja, hast du gewiß einen bitter schmeckenden Gallenröhrling vor dir.

Steinpilzgulasch
Du brauchst für 4 bis 6 Portionen:
1 kg Steinpilze,
100 g Speck,
1 große Zwiebel,
¼ l Würfel-Fleischbrühe,
500 g Tomaten,
2 Teelöffel Mehl,
3 Eßlöffel Kondensmilch,
Salz, Pfeffer,
Petersilie.

Putze die Steinpilze, wasche sie und schneide sie dann in dünne Scheiben. Brate den in Würfel geschnittenen Speck aus, gib die Zwiebelwürfel hinein und dann die Steinpilze hinzu. Lasse alles etwa 20 Minuten schmoren. Nun würze mit Salz und Pfeffer und fülle mit der heißen Brühe auf. Lasse noch einmal gut durchkochen und gib die geviertelten Tomaten hinzu. Nach 10 Minuten verquirle das Mehl in der Kondensmilch und rühre die Mischung unter die Pilze. Lasse das Gericht noch 2 Minuten unter Rühren durchkochen. Vor dem Servieren gib feingewiegte Petersilie hinzu. Dieses Pilzgulasch paßt vorzüglich zu Reis.

Wiesenchampignon

Besonders auf Pferdeweiden wächst der Wiesenchampignon von Juni bis Oktober, zuweilen in großen Mengen. Champignons, auch Egerlinge genannt, gehören zu den beliebtesten Speisepilzen. Etwa 50 verschiedene Arten kommen auf Wiesen, in Wäldern und Gärten vor. In Gärtnereien wird der Kulturchampignon herangezogen.

Alle Champignons haben einige gemeinsame Merkmale, an denen du sie erkennen kannst: Ihre Lamellen sind bei den jungen Pilzen hellgrau oder rosa, später werden sie braun bis schwarz. Wichtig für dich zu wissen ist: **Die Lamellen der Champignons sind niemals reinweiß!** Die Lamellen liegen frei, der Stiel hat eine Manschette. Das Fleisch ist

Überprüfe das, wenn du unsicher bist! Und zeige auf alle Fälle deine Wiesenchampignonausbeute einem Pilzsachverständigen!

Champignons in Milch
Du brauchst dazu:
1 kg Champignons,
2 Zwiebeln,
etwas Butter,
1 l Milch,
Thymian, Salz, Pfeffer, Petersilie.

Schneide die geputzten und gewaschenen Champignons in Scheiben. Hacke die Zwiebeln fein und dünste Zwiebeln und Pilze in Butter leicht an. Dann gib die Milch hinzu und bringe alles langsam zum Kochen. Schmecke mit Thymian, Salz und Pfeffer ab. Lasse das Gericht etwa 30 Minuten bei geringer Hitze garen. Du mußt aber öfter umrühren. Nimm den Topf vom Feuer und gib noch feingehackte Petersilie hinzu. Zu Champignons in Milch schmeckt getoastetes Weißbrot sehr gut.

weiß, rötlich anlaufend und strömt einen aromatischen süßlichen Pilzgeruch aus.
Findest du einen Champignon, der nach Arznei riecht, so ist es sicher der giftige Karbolchampignon. Wenn du sein Stielende ankratzt, färbt sich sein Fleisch sofort leuchtend gelb. So erkennst du den Giftchampignon sicher.
Merke dir außerdem, daß die jungen Wiesenchampignons mit dem tödlich giftigen Weißen und Grünen Knollenblätterpilz verwechselt werden können. **Knollenblätterpilze aber haben immer weiße Lamellen! Außerdem endet ihr Stiel im Boden in einer Knolle.**

Ziegenlippe

In Laub- und Nadelwäldern, auf Waldwegen, an Waldrändern, oft sogar im Gras versteckt, meist in der Nähe von Ortschaften, wächst die Ziegenlippe. Sie hat einen olivbraunen, samtfilzigen Hut, der sich wie Waschleder anfühlt. Die Röhren sind goldgelb, wodurch sie sich am deutlichsten von dem sehr ähnlichen Rotfüßchen unterscheidet, das schmutziggelbe Röhren hat und dessen Huthaut meistens flederig zerrissen ist. Für dich ist das aber nicht so entscheidend, denn beide Pilzarten sind sehr wohlschmeckend. Der Hut der Ziegenlippe ist fleischig, erst halbkugelig und später kissenähnlich geformt. Das Fleisch ist fest, blaßgelb und ändert beim Drücken seine Farbe nur sehr wenig ins Bläuliche. Der Stiel hat die Form einer langen Walze. Er ist gelb bis bräunlich, längsgerippt und fast immer gebogen.

Ziegenlippe-Buletten
Du brauchst für 4 Portionen:
400 g Ziegenlippen,
20 g Butter,
1 Zwiebel,
4 Brötchen,
¼ l Milch,
Pfeffer, Salz,
1 Knoblauchzehe,
1 Eigelb,
Fett zum Braten.

Ziegenlippen putzen, waschen und feinhakken und zusammen mit der kleingehackten Zwiebel in Butter etwa 10 Minuten dünsten. Nimm die Pilze vom Herd. Weiche die Brötchen in Milch ein, drücke sie dann aus und mische sie unter die Pilze. Gib nun Pfeffer, die kleingehackte Knoblauchzehe, etwas Salz und das Eigelb hinzu. Vermische alles gut und lasse es 10 Minuten stehen. Dann forme Buletten daraus, wälze sie in Semmelmehl und brate sie auf beiden Seiten in heißem Fett goldgelb.

Pilzesuchen

Hier einer und dort einer.
Hier deiner, dort meiner.
Dann keiner.

Später ein kleiner.
Wem seiner?
Deiner? Meiner?

Und als Belohnung einer,
riesengroß,
mitten im Moos.

Meiner?
Nein, deiner!

Aus: Ich sammle Spaß in meine Mütze,
Der Kinderbuchverlag Berlin 1979

Pilz-Sammelkalender

	1.*	2.	3.	4.	5.	6.	7.	8.	9.	10.	11.	12.
Austernseitling	x	x							x	x	x	x
Birkenpilz						x	x	x	x	x		
Goldröhrling							x	x	x			
Hallimasch									x	x	x	
Krause Glucke							x	x	x	x	x	
Marone							x	x	x	x	x	
Pfifferling					x	x	x	x	x			
Rotkappe						x	x	x	x	x		
Steinpilz							x	x	x	x		
Wiesenchampignon						x	x	x	x	x		
Ziegenlippe							x	x	x	x		

* Die Zahlen 1. bis 12. bezeichnen die Monate: 1. = Januar, 2. = Februar …

Früchte des Herbstes

Die Sommerferien sind vorbei. Es wird September. Der Herbstwind schaukelt die bunten Blätter von den Bäumen. Wenn du jetzt einen Waldspaziergang machst, raschelt das trockene Laub unter deinen Schritten.
Hast du schon Pilze gesammelt? Doch das ist längst nicht alles. Gerade die herbstliche Natur hält noch viele andere Schätze für dich bereit.
Vor Jahrhunderten nutzten die Menschen die Gaben der Wälder und Felder viel mehr als heute. Entdecke sie neu für dich, gehe nicht achtlos daran vorüber. Denke nur an die Nüsse, an Bucheckern oder gar Eßkastanien, die du bestimmt gerne knabberst. Oder auch an die Eicheln, Kastanien, an die Zapfen von Lärchen, Kiefern und Fichten – sie lassen sich an die Tiere verfüttern oder zu allen möglichen Basteleien verarbeiten.
Selbst mancher Regentag hält auf diese Weise für dich schöne Stunden bereit, wenn du dann aus deinen „Fundstücken" phantasievolle Gebilde zauberst. Ob es getrocknete Blüten- oder Fruchtstände, originell geformte Steine, Wurzeln und Äste sind – alles ist recht, wenn es dein Interesse gefunden hat.

Dieses Kapitel wird dich mit jenen Bäumen und Sträuchern bekannt machen, die ihre Schätze bis zum Herbst für dich aufsparen. Laß dich von ihrem Reiz zum Sammeln und Gestalten verleiten.

Bucheckern

Die Buchen, die wir vorstellen, werden wegen ihres rotgetönten Holzes Rotbuchen genannt. Du erkennst sie an ihren glattrandigen, eiförmigen Blättern und an der glatten, silbergrauen Rinde des Stammes. Schon im Frühjahr ist der Anblick eines Buchenwaldes, durch den die Sonne scheint, ein besonderes Erlebnis. Wie ganz zarte Tupfen auf dem dunklen Geäst wirken dann die hellgrünen Blätter. Aber auch im Herbst sieht der Wald im bunten Farbenkleid zauberhaft aus. Buchen gehören zu den schattenliebenden Laubbäumen. In der oft sehr dicken Laubschicht, die den Boden eines Buchenwaldes bedeckt, finden zahllose Bakterien, aber auch Pilze ideale Lebensbedingungen. Im April kannst du hier Buschwindröschenteppi-

che, auch Leberblümchen und Schlüsselblumen sehen. Später gesellt sich oft das Maiglöckchen hinzu.

Die zarten jungen Blätter der Buche werden vom Wild gern genascht.

Die Früchte der Buche heißen Bucheckern. In ihnen befinden sich die nußähnlich schmeckenden Samenkerne. Diese enthalten viel Öl und wurden deshalb früher zur Gewinnung von Speiseöl verwendet. Ihr Öl füllte man auch anstelle von Petroleum in die Lampen.

Ab September bis in den Oktober hinein kannst du die braunen Nüßchen aufsammeln

(↗ Botanisches ABC). Sie sind mit Stacheln bedeckt und öffnen, sobald sie reif sind, ihre vier Klappen, so daß die beiden dreikantigen Samenkerne herausfallen können. Einige Bucheckern kannst du ruhig naschen, iß aber nicht zu viel von ihnen, sie sind schwer verdaulich. Wenn du in den Buchenwald gehst, sammle nicht nur die eßbaren Kerne, sondern auch die trockenen Fruchtkapseln, weil du sie für alle möglichen Bastelarbeiten gebrauchen kannst.

Eichel

Die Eiche kann mehr als 1000 Jahre alt werden. Es gibt Bäume, die über 40 Meter hoch sind. Sie sind kräftig und haben knorrige dunkle Äste. Die Eicheln sind die Früchte die-

100

ses stattlichen Baumes. Eichen erkennst du am schnellsten an den Blättern. Sie haben tiefe Einbuchtungen (↗ Botanisches ABC). Die Eiche gehört zu den Bäumen, die im Frühjahr fast als letzte ihre Blätter hervorbringen; sie behält aber bis in den Spätherbst hinein ihr dichtes Laubkleid, das sich dann wunderschön braun färbt, manchmal sogar über den Winter hinweg.
Ist dir schon einmal an Eichenblättern ein kugeliges Gebilde aufgefallen, das fast wie ein kleiner Apfel aussieht? Es ist ein Gallapfel. In ihm befinden sich die Eier der Eichenlinsengallwespe, aus denen dann im nächsten Frühjahr die Wespen schlüpfen.
Eichenfrüchte, die Eicheln, werden von einem „Näpfchen" eingefaßt, das besonders reizvoll aussieht. Eicheln gehören botanisch gesehen zu den Schließfrüchten (↗ Botanisches ABC). Wußtest du, daß Eichenholz die Jahrhunderte überdauert? Selbst Wasser kann ihm nichts anhaben. Deshalb wurde es früher vor allem zum Bauen von Schiffen und Booten verwendet. Doch dich interessieren ja besonders die Eicheln. Sammle sie im Oktober für den Förster in deinem Ort. Denn Eicheln sind genau das richtige für das Wild im Winter. Nimm deine Freunde und Geschwister mit, ihr werdet sehen: In sehr kurzer Zeit habt ihr eine stattliche Menge beisammen, die euch sogar bezahlt wird.
Ein paar hebst du dir auf, denn mit den Eicheln und auch mit ihren Näpfchen kann man viele Dinge basteln.
Zum Beispiel eine **Kette**. Fädle die Eicheln einfach auf und ab und zu dazwischen auch Hagebutten.

Eßkastanie

Diese schmackhaften Früchte sind nicht, wie du vielleicht dachtest, mit der Roßkastanie verwandt, sondern mit der Buche. Die Eßkastanie wird auch Edelkastanie oder Marone genannt. Sie wächst meist strauchartig, es gibt aber auch Eßkastanienbäume, die bis zu

35 Meter hoch werden können. Die Marone hat längliche, spitz auslaufende Blätter mit gezähnten Rändern (↗ Botanisches ABC). Sie treiben erst ab Mai aus, wenn überall schon alles grün ist. Im Juni zeigen sich die Blütenähren, an denen oben die männlichen und unten die weiblichen Blüten sitzen. Wie beim Haselstrauch sorgt der Wind für ihre Befruchtung, das nennt man Windbestäubung (↗ Botanisches ABC). Im Herbst entdeckst du dann grüne Stachelkugeln, die Früchte der Edelkastanie. In einer solchen stachligen grünen Fruchthülle stecken zwei bis drei Maronen. Die Marone gehört wie Haselnuß und Walnuß zum Schalenobst. Eßkastanien findest du wohl am häufigsten angepflanzt in Parks und Grünanlagen, aber auch an Waldrändern, wo es sonnig ist, kannst du auf Suche gehen. In manchen Ländern werden die Eßkastanien zur Verfeinerung des Bratens mitgekocht oder auch getrocknet und gemahlen fürs Brotbacken verwendet, weil sie viel Stärke enthalten. Geröstete Maronen sind eine Leckerei auf den Weihnachtsmärkten besonders in südlicheren Ländern. Vor dem Rösten der delikaten Nußfrüchte solltest du die Schale mit einer Gabel oder mit einem Messer etwas einschlitzen, da sich sonst ein unerwartetes „Zimmerfeuerwerk" entwickelt.

Eßkastanien-Konfekt
Erhitze *Eßkastanien* nach dem Anschlitzen in der Ofenröhre oder auf dem Backblech ganz kurz, entferne Schale und Haut und lasse sie nun in wenig Wasser etwa 20 Minuten garen. Gieße dann das Wasser ab und bedecke die Maronen mit *Zuckersirup*. Lasse sie nun auf dem Ofen oder in der gerade noch warmen offenen Backröhre etwa 1 Stunde lang stehen. Nun bestreue alles noch einmal mit *Zucker* und lasse dein Eßkastanien-Konfekt abkühlen.

Eßkastanien-Marmelade
Du brauchst dazu:
500 g geschälte Eßkastanien,
400 g Zucker,
½ Päckchen Vanillinzucker.

Koche die Eßkastanien etwa 30 Minuten in wenig Wasser. Dann verarbeite zwei Drittel zu Brei und ein Drittel zerhacke grob. Rühre alles mit dem Zucker und dem Vanillinzucker zusammen und lasse es etwa 20 Minuten kochen. Hin und wieder umrühren. Nun fülle die Marmelade heiß in saubere Gläser und verschließe sie mit Schraubdeckeln oder mit Folie, die du zuvor anfeuchtest.

Haselnuß

Der Haselstrauch war schon in der Antike bekannt und beliebt. Das wird dich nicht weiter wundern, denn auch du ißt sicherlich Haselnüsse besonders gern. Oder kannst du dir Weihnachten ohne Nüsseknabbern vorstellen?

Für das kommende Weihnachtsfest könntest du sie selbst sammeln. Bevor es im September dann so weit ist, solltest du erst einiges über den Haselstrauch wissen. Er ist recht groß und kann bis zu fünf Meter hoch werden. In Gegenden mit viel Sandboden wirst du ihn nur selten antreffen. Aber als Hecke zwischen Feldern, auf Waldlichtungen, an Waldwegen und in Gebüschen solltest du nach der „Hasel" – wie der Haselstrauch vielerorts genannt wird – suchen. Auch an Plätzen mit wenig Sonne gedeiht er mitunter noch, sogar unter großen Bäumen. Der Haselstrauch ist ein typischer Windbestäuber (↗ Botanisches ABC). Er besitzt männliche und weibliche Blüten an verschiedenen Büschen. Die männlichen „Blütenkätzchen" kennst du bestimmt; sie sind gelb und blühen im zeitigen Frühjahr, manchmal schon im Februar, wenn gerade die Winterlinge, die Schneeglöckchen und Krokusse aufwachen. Du siehst dann am Haselstrauch nur die gelben hängenden „Pollenkätzchen". Der Wind trägt den Blütenstaub nun zur Hasel mit den weiblichen Blüten und befruchtet sie. An ihnen wirst du dann im Herbst die Haselnüsse finden. Die weiblichen Blüten sind ganz unscheinbar: nur einen halben Zentimeter lange, winzige Ähren mit roten Griffeln (↗ Botanisches ABC). Du mußt schon sehr genau hinsehen, wenn du sie entdecken willst. Verstehst du nun, weshalb die Insekten, die sich von starken Düften, leuchtenden Farben und großen Blüten anlocken lassen, den Haselstrauch nicht bestäuben?

Wußtest du eigentlich, daß Haselnüsse ebenso wie Walnüsse und Eßkastanien zum Obst gehören? Sie werden als Schalenobst bezeichnet (↗ Botanisches ABC) und haben einen hohen Nährwert. Über die Hälfte ihrer Nußmasse besteht aus Öl, aber auch wertvolle Mineralstoffe enthalten sie. Doch wegen des hohen Ölgehaltes solltest du Nüsse nicht gleich in riesigen Mengen knabbern – sonst gibt es Bauchschmerzen.

Anfang September kann es dann losgehen. Ein bis vier reife Nüsse – sie müssen rundherum braun sein – schauen aus den grünen

Fruchthüllen an den Zweigen. Pflücke sie, entferne die grünen „Manschetten" und sammle sie in einem Stoffbeutel. Nimm einmal eine Nuß und schüttle sie ganz nah an deinem Ohr. Hörst du es klappern? Das ist der Samenkern, der nicht den ganzen Raum der Nußschale einnimmt. Hörst du es aber nicht klappern und ist die Nuß beim Aufknakken sogar hohl, dann suche in der Schale nach einem kleinen runden Loch. Hier hat sich die Larve (↗ Botanisches ABC) des Haselnußbohrers einen Ausgang geschaffen. Der Haselnußbohrer ist ein Käfer, der schon im Mai oder Juni auf den Haselsträuchern seine Eier ablegt. Aus ihnen entwickeln sich dann die Larven, die sich nach dem Ausschlüpfen aus der Nuß in Puppen (↗ Botanisches ABC) verwandeln.

Der Haselnußbohrer treibt sein Unwesen besonders bei nasser und kühler Witterung. Deshalb besagt eine alte Bauernregel, daß ein warmer, sonniger Juni eine reiche Haselnußernte bringt.

Hast du genügend Haselnüsse gesammelt? Breite sie bis zur Weihnachtszeit an einem trockenen Platz aus, am besten auf dem Kleiderschrank. Überprüfe, ob du nicht eine Nuß mit Loch übersehen hast! Du kannst dann die Haselnüsse so essen wie sie sind (natürlich hast du sie vorher geknackt – aber bitte nicht mit den Zähnen!) oder kleingehackt in den Obstsalat, über den Pudding oder für den Kuchen verwenden. Aber vielleicht probierst du einmal etwas ganz Raffiniertes aus? Verliere nicht gleich den Mut, wenn es beim ersten Mal nicht so recht gelingt, deine Eltern helfen dir sicherlich dabei.

Haselnuß-Nougat
Du brauchst dazu:
225 g gemahlene Haselnüsse,
225 g Zucker,
¼ l Zuckerwasser (nimm dazu 200 g Zucker und löse ihn),
125 g weichen Honig,
1 Eiweiß,
3 Eßlöffel Wasser.

Bringe das Wasser, die Zuckerlösung, den Honig und den Zucker in einem Topf langsam zum Kochen. Rühre öfter einmal um. In der Zwischenzeit schlage das Eiweiß steif. Die Zuckermischung kommt nun vom Herd und

bleibt einige Minuten stehen, damit sie etwas abkühlt. Nun rühre ganz vorsichtig den Eischnee unter die Zuckermasse. Nach etwa 3 Minuten ist die Masse steif geworden. Fülle sie in kleine Schälchen und streue die gemahlenen Haselnüsse darüber. Lasse die Nougat-Creme im Kühlschrank völlig erkalten.

Roßkastanie

Ein stattlicher Baum ist die Roßkastanie. Vermutlich heißt sie deshalb so, weil die Kastanienkugeln als Pferdefutter dienten und die Fruchtkapseln der eigentlichen Kastanie – der Edel- oder Eßkastanie – sehr ähnlich sehen. Und doch sind sie überhaupt nicht verwandt miteinander (↗ Eßkastanie, Seite 101). Was wir unter Kastanien verstehen, sind für den Botaniker Samen, die der stachligen grünen Fruchtschale entspringen (↗ Botanisches ABC). Die Roßkastanie kam erst vor knapp drei Jahrhunderten nach Mitteleuropa. Sie wurde zum typischen Alleebaum, weil sie mit ihrem dichten Blätterdach so viel Schatten spendet. Unter ihrer Krone können nur sehr wenige andere Pflanzen gedeihen. Von Mai bis Juni kannst du die aufrechtstehenden weißen, gelblichen oder auch roten „Blütenkerzen" in ihrer ganzen Pracht bewundern. Sie werden gern von Hummeln und Bienen aufgesucht. Kastanienbäume bieten den Bienen gleich drei Dinge auf einmal: Im zeitigen Frühjahr die klebrige Masse der aufbrechenden Knospen, die sie zum Bauen ihrer Waben nutzen; später den süßen Nektar und den Pollenstaub der Blüten.

Die Blätter der Roßkastanien sind handförmig zusammengesetzt, sie bestehen aus fünf bis sieben „Fingern". Versuche einmal, das Blatt mit Daumen und Zeigefinger aus den Adern herauszulösen, ohne sie zu zerreißen. Siehst du, wie zart, filigran und dabei geometrisch genau die Blattadern angeordnet sind?

Im Herbst kannst du mit deinen Freunden Kastanien sammeln gehen, denn der Förster benötigt sie im Winter für das Wild. Aber auch von der Landwirtschaft werden Kastanien als Futterzusatzmittel genommen. Kastanien sind schwer, du wirst sehen, ihr habt bald die „schwere Menge" beisammen. Liefert eure Ernte aber am gleichen Tag ab, denn Kastanien enthalten zwar reichlich Nährstoffe, aber auch viel Wasser, daher schimmeln sie leicht.

Auch die Arzneimittelindustrie weiß die Heilwirkung der Kastanie zu schätzen. Erkundige dich in deiner Apotheke, wo du Kastanien dafür abliefern darfst.

Wenn du Kastanienbäume gefunden hast, die reichlich mit Früchten behangen sind, so warte ab, bis sie der Wind abgeschüttelt hat, denn es ist eine Unart, die Kastanien mit Stöcken herunterzuschlagen, weil dabei stets auch viele Äste beschädigt werden. Behalte einige Kastanien übrig, trockne sie, dann kann die Bastelei losgehen.

Walnuß

Der Walnußbaum kam über Frankreich zu uns. Seine eigentliche Heimat aber ist Griechenland. Auch im Kaukasus, im Iran und auf dem Himalaja wächst der Walnußbaum. Daraus kannst du ableiten, daß er sich besonders dort wohlfühlt, wo es sonnig und warm ist, suche ihn also nicht in schattigen Wäldern, sondern an Feldwegen, auf Dorfplätzen, an sonnigen Waldrändern, in Parkanlagen und an Spielplätzen. Sein grünes Blätterdach ist so dicht, daß er auch als Schattenspender beliebt ist. Unter der ausladenden Krone gedeiht fast gar nichts anderes.

Die Walnüsse gehören zum Schalenobst. Walnußholz wird in der Möbelindustrie gern verwendet, denn das Holz ist wundervoll gemasert. Die Blätter des Walnußbaumes sind unpaarig gefiedert und glatt (↗ Botanisches ABC). Aus den jungen Blättern kann man einen wirksamen, aber leicht bitter schmeckenden Magentee brauen. Die unscheinbaren Blüten zeigen sich im Mai.

Versuche einmal, sie zu finden! Sie bringen runde, grünschalige Früchte hervor, in denen sich die begehrten zweigeteilten Nüsse verbergen.

Auf einmal, etwa ab September, platzen die grünen Schalen auf und zeigen dir die hellbraunen harten Nußschalen. Nun kannst du den Baum ein wenig schütteln, damit die geplatzten Früchte herunterfallen, denn sie sind voll ausgereift. Reinige und trockne Walnüsse sehr sorgfältig, wenn du sie noch etwas länger aufbewahren willst. Bürste die Nüsse unter fließendem Wasser gründlich ab, bis auch der letzte Rest der Fruchtschale entfernt ist. Danach breite die Walnüsse in Schuhkartondeckeln oder in flachen Kisten zum Trocknen aus. Der Platz muß luftig und trocken sein. Schau öfter nach, ob etwa eine Nuß zu schimmeln beginnt, sortiere sie dann sofort aus!

Walnüsse bleiben, wenn sie richtig getrocknet wurden, auch noch nach einem Jahr eßbar.

In manchen Jahren kannst du beobachten, daß die Nußkerne sehr dünne Schalen haben, diese sogenannten Papiernüsse entstehen dann, wenn das Wetter nicht warm und sonnig genug war. Die Vögel, unter ihnen besonders die Meisen, freuen sich darüber. Sie können so die Schalen leicht aufhacken und von der nährstoffreichen Nuß kosten. Deshalb werden diese Nüsse auch Meisennüsse genannt.

Wußtest du übrigens, daß Jungvermählten vor langer Zeit auf ihrem Weg Walnüsse gestreut wurden – so wie heute Blumen? Auf diese Weise, also mit polternden Nüssen, wünschte man dem jungen Paar viele Kinder. Unser heutiger Polterabend soll seinen Ursprung daher haben.

Walnuß-Konfekt
Du brauchst dazu:
200 g feingemahlene Walnüsse,
1 Eiweiß,
150 g Zucker,
50 g Kakao oder gemahlene Schokolade.

Schlage das Eiweiß zu steifem Schnee und gib Nüsse, Zucker und Kakao (oder Schokolade) dazu. Vorsichtig mischen. Nun forme Bällchen und lasse sie im Kühlschrank fest werden. Du kannst die Nußmasse auch in saubere Walnußschalenhälften pressen und diese wieder zuklappen. Nach dem Aufbewahren im Tiefkühlfach nimm die Konfektmasse vorsichtig aus der Schale. Jetzt hast du ein Konfekt, das wie eine Nuß geformt ist.

Kleines botanisches ABC

Du bist sicherlich beim Lesen dieses Buches so manches Mal über ein Wort gestolpert, das du noch nicht kanntest. Wir forderten dich auf, hier in diesem kleinen botanischen ABC nachzuschlagen. Denn du wirst verstehen, daß die wissenschaftlichen Fachbezeichnungen gebraucht werden, um die Pflanzen eindeutig und für alle verständlich zu beschreiben. Da es auch für dich sehr wichtig ist, die richtige Pflanze zu erkennen und zu finden, haben wir dieses „Botanik-Lexikon" zusammengestellt, in dem du blättern und von Zeit zu Zeit deine Kenntnisse auffrischen kannst.

Ähre – Blütenstand, bei dem die Blüten ohne Stiel direkt am Stengel sitzen (Spitzwegerich).

Anzeigepflanze – weist mit ihrem Bestand auf den für sie charakteristischen Bodenzustand hin (Vogelmiere – nährstoffreich).

Beere – Das saftige Fruchtfleisch umschließt völlig die Samen, die sich nicht von selbst aus der fleischigen Fruchtwand herauslösen (Heidelbeere).

Biotop – Natürlicher, abgrenzbarer Lebensraum einer bestimmten Gemeinschaft von Pflanzen und Tieren.

buchtig – Form des Blattrandes, glatte runde Einschnitte (Eiche).

Chlorophyll – Grüner Pflanzenfarbstoff, der für die Photosynthese von entscheidender Bedeutung ist, ohne Sonnenlicht bildet sich kein Blattgrün.

Dolde – Blütenstand, bei dem die Blüten an langen Stielen strahlenförmig in einem Punkt zusammenkommen (Pimpinelle).

Dornen – Verholzte, spitz auslaufende Teile des Sprosses oder des Blattes oder der Wurzeln, lassen sich im Gegensatz zu den Stacheln (Rosen) nicht ablösen (Schlehe).

einjährig – Einjährige Pflanzen, deren Lebensdauer nur ein Jahr beträgt.

elliptisch oval – Form des Blattes, schlank-eiförmig auslaufend (Schneebeere = Knallerbse).

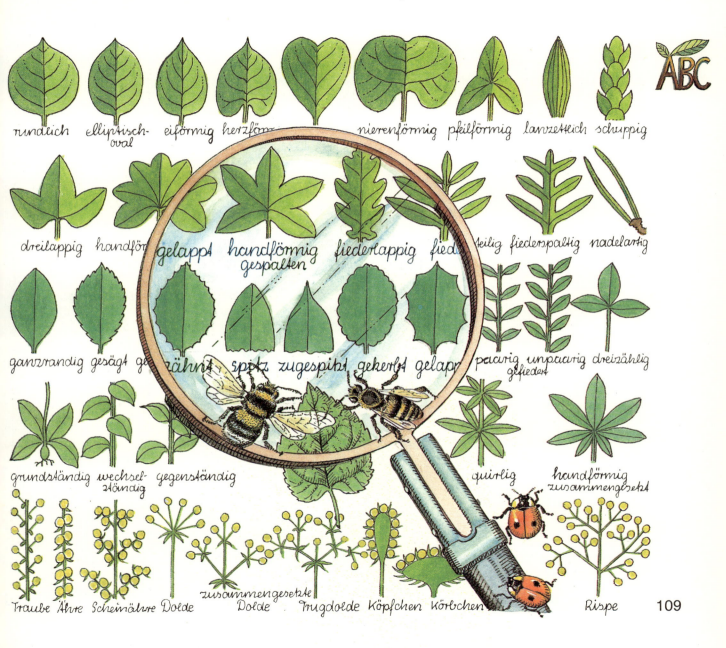

fiederspaltig – Form des Blattes, dessen Einschnitte fast bis zum Grund der Blattspreite reichen (Löwenzahn).

Fruchtblatt – Gesamtheit der weiblichen Blütenanlagen der Pflanzen. Die Fruchtblätter verwachsen zu dem Fruchtknoten.

Fruchtknoten – Unterer Teil des Stempels.

Fruchtkörper – Oberirdischer Teil eines Pilzes, besteht aus dem Hut und dem Stiel.

gefiedert – Form des Blattes, das aus mehreren Teilchenblättern besteht (Mädesüß).

gegenständig – Stellung der Blätter am Stengel; es stehen sich jeweils zwei Blätter gegenüber (Taubnessel).

gelappt – Form des einfachen Blattes; die Einschnitte reichen nicht bis zur Mitte der Blattspreite (Eiche).

gezähnt – Form des Blattrandes; Zähne außen spitz, innen rund (Eßkastanie).

Griffel – Teil des Stempels, auf dem sich die Narbe befindet.

Halbschmarotzer – Pflanzen, die nur einen Teil ihrer Nährstoffe aus anderen Pflanzen entnehmen (Mistel).

Haftwurzeln – Wurzeln am oberirdischen Teil der Pflanze, die das Festhalten ermöglichen. Reichen sie in Erde oder Wasser, dienen sie der Nahrungsaufnahme (Efeu).

Hochblatt – Teil der Blüte, umschließt schützend den Kelch (Gefleckter Aronstab).

Hülse – Frucht mit häutiger Hülle, die bei Reife hart wird, mehrere Samenkörner enthält und diese später von allein fallenläßt (Goldregen).

Hut – Teil des oberirdischen Fruchtkörpers eines Pilzes. Seine Unterseite besteht entweder aus Röhren oder aus Lamellen. Er kann auch ohne Stiel an Bäumen wachsen.

Immergrüne – Pflanzen, die im Herbst ihre grünen Blätter nicht verfärben und im Winter nicht abwerfen (Eibe).

Insektenbestäubung – Der Pollen wird durch Insekten auf die Narbe transportiert. Die Blüten locken die Insekten mit leuchtenden Farben, starken Düften oder süßem Nektar an.

Kelch – Bestandteil der Blüte; umhüllt die männlichen und weiblichen Blütenteile.

Kern – Samen, der sich in der Frucht befindet. Er ist meist hartschalig und enthält den Keimling.

Kolben – Blütenstand, bei dem der ovale,

walzenförmige verdickte Stengel ganz mit Blüten ohne Stiel besetzt ist (Kalmus).

Körbchen – Blütenstand, bei dem die Einzelblüten wie ein Korb dichtgedrängt auf dem verdickten Hauptstengel sitzen. Der Blütenboden ist von Hüllblättern umgeben (Kamille).

Kreuzung – Züchtungsform; aus Pflanzen verschiedener Sorten oder Arten entspringt eine neue Pflanze mit veränderten Eigenschaften.

Lamellen – Blättern ähnelnde Sporenbehälter an der Hutunterseite mancher Pilze (Wiesenchampignon).

lanzettlich – Form des Blattes, die Blätter werden an beiden Enden schmaler (Spitzwegerich).

Larve – Entwicklungsstadium bei den Insekten.
Aus den Eiern schlüpfen Larven (bei Schmetterlingen Raupen). Larven sehen anders aus als das erwachsene Insekt (Haselnußbohrer).

Lippenblüte – Form der Blüte, die sich in Ober- und Unterlippe teilt, Kennzeichen einer ganzen Familie (Taubnessel).

Myzel – Unterirdisches Pilzgeflecht, das an feine Faserwurzeln erinnert.

Narbe – Bestandteil des Stempels, dient zur Aufnahme des Pollens.

Nektar – Zuckerhaltige Flüssigkeit in den Blüten, aus dem u. a. die Bienen den Honig bereiten.

nierenförmig – Form des Blattes, bei dem das Blatt am Grund einen tiefen Einschnitt besitzt und nach vorn rund ausläuft (Veilchen).

Nuß – Trockene Schließfrucht, in der der Samen von einer harten Schale umgeben ist (Haselnuß).

pfeilartig – Form des Blattes, bei der der Blattgrund einen tiefen spitzen Einschnitt aufweist und das Blatt in zwei rückwärts gerichtete Seitenzipfel endet (Wiesenknöterich).

Pollen – Mehlige oder klebrige Befruchtungskörper, die sich im Staubbeutel befinden und zumeist mit Hilfe von Insekten auf die Narbe gelangen. Pollen ist die Eiweißnahrung der Bienen.

Puppe – Bei der Verwandlung der Larve zum erwachsenen Insekt entwickelt sich zuvor als Zwischenstadium die Puppe (Haselnußbohrer).

Rispe – Blütenstand, bei dem am Stengel viele einfache oder verästelte Blütenstiele stehen. Die Verzweigung ist unten dichter als oben (Roßkastanie).

Röhren – Sporenbehälter an der Hutunterseite der Fruchtkörper einiger Pilze. Man nennt diese Pilze auch Röhrlinge (Goldröhrling).

Samennüßchen – Nuß, die von einer häutigen bis fleischigen Fruchtwand umgeben ist (Eibe).

Sammelfrucht – Sie entsteht aus einer einzigen Blüte mit mehreren Fruchtknoten und bildet sich aus einer Gruppe von Schließfrüchten auf einem fleischigen Blütenboden (Walderdbeere).

Schalenobst – Im Gegensatz zum übrigen Obst wird hier nicht die Fruchthülle verzehrt, sondern der Samen, der sich in einer harten, ungenießbaren Schale befindet (Eßkastanie).

Scheibenblüten – Mittlere (meist gelbe) Blüten bei der Familie der Korbblütler (Gänseblümchen).

Scheinbeere – Sie setzt sich aus einer Vielzahl von Früchtchen zusammen. In jeder Einzelfrucht befindet sich ein nußähnlicher Samen mit fleischiger Hülle (Brombeere).

Schleier – Häutchen über den Sporenbehältern an der Unterseite des Pilzhutes. Es reißt auf und bildet die Manschette am Pilzstiel (Champignon).

Schließfrucht – Die Samen sind von einer Fruchtwand umschlossen, die sich bei ihrer Reife nicht von selbst öffnet. Gegensatz: Streufrucht.

Schmarotzer – Pflanzen, die sich auf Kosten anderer Pflanzen ernähren und diese dadurch schädigen (Hallimasch).

Schmetterlingsblütler – Pflanzenfamilie, deren gemeinsames Merkmal eine schmetterlingsförmige Blüte ist, sie leben mit Knöllchenbakterien in Symbiose (Goldregen).

Schote – Trockenhäutige längliche Frucht; öffnet sich an den Seiten und gibt so den Samen bei Reife frei (Kresse).

Sporen – Einzellige Fortpflanzungsorgane der Pilze, Farne und Moose.

Sproß – Teil einer Pflanze, der aus der Erde herausragt.

Stacheln – Auswüchse der Oberhaut eines Sprosses, lassen sich leicht abtrennen (Brombeere).

Staubblätter – Männlicher Teil der Blüte; bestehen in der Regel aus den Staubfäden und den Staubbeuteln, in denen sich die Pollen befinden.

Staude – Ausdauernde krautige Pflanze mit unterirdischem Wurzelstock (Thymian).

Steinfrucht – Der harte steinartige Samen wird von einer fleischigen Fruchthülle und einer dünnen Außenhaut umhüllt (Kornelkirsche, Holunder) – auch fleischige Schließfrucht genannt; Gegensatz: trockene Schließfrucht (Nuß).

Stempel – Teil der Blüte; er besteht aus Fruchtknoten, Griffel und Narbe.

Symbiose – Zusammenleben zweier Organismen, die gegenseitig voneinander abhängen (Pilze – Bäume).

Traube – Blütenstand, bei dem auf langem Stiel an kurzen Stengeln die Blüten sitzen (Maiglöckchen).

Trugdolde – Blütenstand, bei dem die Blüten einzeln auf Stielen am Stengel sitzen; die Blütenstielchen verzweigen sich (Holunder).

unpaarig gefiedert – Blatt, das aus Teilchenblättern besteht, die einander gegenüberstehen und immer mit einem Teilblatt enden (Walnuß).

Veredlung – Eine Form der Vermehrung bei Pflanzen, um bessere Eigenschaften des oberen Sproßteils (Edelreis) durch seine mit ihm verbundene Unterlage zu erreichen (Vogelkirsche).

Windbestäuber – Pflanzen, deren Blüten meist klein und unscheinbar sind und daher nicht von Insekten bestäubt werden. Der Pollen wird durch den Wind auf andere Pflanzen getragen (Haselstrauch).

Zungenblüten – Äußere Blüten bei der Familie der Korbblütler; sie sind zumeist am größten und wirkungsvollsten (Kamille).

Zweijährige – Pflanzen, deren Lebensdauer zwei Jahre beträgt. Erst im zweiten Jahr kommen sie zur Samenreife (Königskerze).

Zwiebel – Gestauchter, abgewandelter unterirdischer Sproß, der alle Einzelteile der künftigen Pflanze (Blätter, Stengel, Blüte, Samenanlage) im Keim enthält. Er ist von fleischigen Schalen umgeben, die wiederum von einer blätterartigen trockenen Haut geschützt werden (Bärenlauch).

Basteln, raten und singen

Nicht immer ist Sonnenschein. Doch auch bei Regenwetter und besonders im Winter kannst du dich mit den Schätzen aus Wald und Flur beschäftigen. So manche unscheinbaren Dinge lassen sich in eine phantasievolle kleine Welt verwandeln. Bilder und Figuren entstehen.

Unter deinen Händen wirst du ein zweites Mal die Schönheit der Bäume, Sträucher und Kräuter entdecken. Aus vielen Pflanzen, die dir im Sommer und Herbst Früchte und Blätter für leckere Speisen lieferten, lassen sich Bastelüberraschungen arbeiten. Ein Zapfen wird zum Männchen, die Nußschale kann schwimmen und mit dem Holunderaststück pfeifst du ein Liedchen.

Das Basteln macht sicherlich mehr Spaß, wenn du es gemeinsam mit deinen Freunden oder Geschwistern veranstaltest. Nebenbei könntet ihr Rätsel raten. Wer die richtige Antwort weiß, bekommt einen selbstgebastelten Preis. Die Lösungen findest du am Schluß des Kapitels. Vielleicht fallen euch auch neue Rätsel ein? Sie müssen aber alle von den Pflanzen, die in diesem Buch beschrieben werden, handeln.

Das Singen solltet ihr auch nicht vergessen. In diesem Kapitel stehen einige Lieder und Gedichte, die an die Streifzüge durch den Wald, über die Wiesen und Felder erinnern möchten.

Zum Basteln

Rosenduft im Wäscheschrank
Willst du nicht einmal das basteln, was unsere Urgroßmütter in jedem Wäscheschrank hatten? Ein Duftbeutelchen. Damals war es vor allem Lavendel, der den Duft hervorbrachte, aber auch mit Rosenblüten funktioniert es. Pflücke dir einige Blüten von der Kartoffelrose oder auch von der Heckenrose am Feldrain und zupfe sie zu Hause vorsichtig auseinander. Auf einem Geschirrtuch an einem warmen, dunklen Platz im Zimmer ausgebreitet, trocknen die Blütenblätter schon nach wenigen Tagen.

Nun suche dir einen runden oder eckigen Baumwollflicken. Wenn er hübsch gemustert ist, hast du gleich ein Geschenk für deine Mutter. Lege den Stoff so übereinander, daß die rechten Seiten aufeinanderliegen und

nähe alles an drei Seiten mit feinen Stichen zusammen. Nun drehe den Beutel um und bügle die Nähte glatt. Jetzt kannst du die getrockneten Blüten hineinfüllen bis der Beutel richtig prall ist. Dann nähe vorsichtig mit ganz kleinen, fast unsichtbaren Stichen die vierte Seite zu, schlage dabei die Kanten nach innen. Na, halte mal deine Nase an den Beutel. Schnupperst du den Rosenduft?

Maronen-Männlein
Hast du in den Ferien an der Ostsee auch einen Stein gefunden, den das Meer in vielen, vielen Jahren schön rund gespült hat? Dann gib diesem Stein mit Plakatfarbe ein lustiges Gesicht. Dabei muß immer erst eine Farbe trocken sein, ehe du eine zweite aufmalst. Und nun setze ihm eine trockene Eßkastanien-Fruchthülle auf und klebe sie fest. Sieht das Männlein nicht aus, als trüge es eine Pelzmütze?

Weihnachtsnüsse
Willst du den Schmuck für den Weihnachtsbaum einmal selbst basteln? Du mußt versuchen, deine Walnüsse so aufzuknacken, daß die Nußschalen nicht entzweigehen. Knote einen etwa 10 cm langen Faden (z. B. Stickgarn) zusammen und lege den Faden mit dem Knoten so in eine halbe Nußschale, daß eine Schlaufe über den Rand hinausragt. Klebe mit Alleskleber die zweite Nußschalenhälfte darauf und male diese „hohle Nuß" mit Silber- oder Goldfarbe an. Auch bunte Farben kannst du für diesen originellen Schmuck verwenden.

Nuß-Boot
Du solltest einmal deinen jüngeren Geschwistern einen Badespaß bereiten. Der kann so lustig werden, daß sie darüber sogar das unbeliebte Haarewaschen vergessen. Du brauchst dazu halbe Walnußschalen, zwei Stecknadeln mit buntem Köpfchen und zwei winzig-kleine weiße Papierstückchen. Stecke die Nadel mit zwei Stichen so in das Papier, daß du es runden kannst, denn das wird das Segel für das Boot. Die Stecknadelspitze bohrst du nun in die Nußschale, und fertig ist das Segelschiff!
Wenn gut geblasen wird, also der Wind richtig weht, kann in der Badewanne eine lustige Wettfahrt veranstaltet werden, die sicherlich nicht nur deinen kleinen Geschwistern Freude bereiten wird.

Nußlese

Früh am Tage laßt uns gehn,
Früh am Tage nach dem Hage,
Wo die Haselbüsche stehn!
Nüsse im Laube finden wir,
Nüsse im Laube, schlecht und taube,
Gut und volle dort und hier.
Endlich schütteln, wie es Brauch,
Endlich schütteln wir mit Knütteln
und mit Haken jeden Strauch.
Heute, heute drum hinaus!
Heute, heute! Reiche Beute
Bringen wir gewiß nach Haus.

Heinrich Hoffmann von Fallersleben

Weihnachtsmännchen

Viele kleine Weihnachtsmännchen kannst du herstellen, mit ihnen könntest du zum Nikolaustag deine Geschwister und Eltern überraschen. Du brauchst dazu nur Eicheln und Kiefernzapfen. Klebe einfach die Eicheln mit Alleskleber auf die Kiefernzapfen. Bastle aus einem Viertelkreis von rotem Buntpapier spitze Hütchen, setze sie auf die Eicheln und klebe nun noch etwas weiße Watte an als langen Rauschebart. Du kannst die Eicheln auch bemalen. Wenn du es nicht alles bis zum Nikolaustag schaffst, so hast du gewiß eine schöne Weihnachtsdekoration, wenn du die Männlein auf einen Teller rund um die Kerze stellen kannst. Dazwischen legst du kleine Fichten- oder Tannenzweige.

Kastanienigel

Nimm eine Kastanie, bohre mit einer Nadel in die gewölbte Seite Löcher. Dort hinein kommen winzige Ästchen oder halbe Streichhölzer, die Igelstacheln. Die Nase fertige aus einer ganz kleinen Eichel, in die du aber ebenfalls ein Loch bohren mußt, damit du sie mit einem Hölzchen befestigen kannst.

Vogel

Du brauchst eine sehr kleine und eine große Kastanie. Nun bohre in die große Kastanie zwei Löcher für Beine, eines für den Schwanz und eines für den Hals. Als Schwanz kannst du eine flauschige Feder oder auch ein Bündel Wollfäden verwenden. Der lange Hals ist ein Ästchen, das du zuvor etwas anspitzen solltest, oder ein Streichholz. Als Kopf nimmst du die kleine Kastanie und setzt mit Kleber einen winzigen Federbusch auf. Für die Beine verwende wieder angespitzte Ästchen. Stecke sie etwas schräg nach außen weisend in den Kastanienbauch, dann wird dein Vogel gut stehen. Als standhafte Füße dienen halbe Eicheln, in die du die Astbeine einsteckst.

Auf diese Weise kannst du mit ein bißchen Geschick und mit viel Phantasie einen ganzen Zoo schaffen. Nimm auch Eicheln, Bucheckernhüllen und ähnliches hinzu.

Igel

Eine ganze Igelfamilie kannst du aus Bucheckernkapseln schaffen. Schnitze mit einem Messer in eine halbe stachlige Fruchtschale ein helles Gesicht mit einer Stupsnase. Bemale es mit Augen, Nase und Mund. Auf gleiche Weise, nur aus kleineren Bucheckernschalen, fertige nun die Igelkinder.

Stachlig grüne Igelein

Stachlig grüne Igelein,
sammle ich ins Körbchen ein,
Schlage ich sie auf zu Haus,
kommen braune Kugeln raus.

Kugeln sind so blitzeblank,
Lieber Wind, hab vielen Dank!
Schüttle mir noch mehr herab,
daß ich meine Freude hab!

Adelheid Sandau

Eule
Du brauchst dazu eine geschlossene Bucheckernfrucht. Binde sie deshalb gleich nach dem Aufsammeln mit einem festen Faden zu, weil sich sonst im warmen Raum ihre Klappen öffnen. Lasse sie so etwa eine Woche trocknen. Dann entferne den Faden und klebe ihr zwei kleine halbe Eichelnäpfchen als Augen auf. Dazwischen klebe kleine schmale Ränder der Bucheckernschalen als Schnabel.

Waldmännlein
Auf einen schönen offenen Kiefernzapfen klebst du als Kopf eine kleine getrocknete Eichel. Setze ihm eine aufgeklappte Bucheckernhülle auf – das ist die Mütze. Als Arme und Füße nimm jeweils eine Bucheckernklappe.
Für all die Basteleien eignet sich ein Alleskleber besonders gut.

Körbchen
Wenn du geschickt mit dem Taschenmesser umgehen kannst, so versuche doch einmal, eine Kastanie so auszuhöhlen, daß ein kleiner Korb mit Henkel entsteht, den du mit Blüten füllst.

Holunderpfeife
Aus einem geraden, daumendicken Holunderast schneide dir mit einem Messer ein etwa 5 bis 8 cm großes Stück heraus. Nun schnitze einen Schlitz in die Rinde, und zwar so, daß das darunterliegende Holz gerade noch angeritzt wird. Etwa in der Mitte des Holzstücks schneide die Rinde rundherum durch. Mittels Klopfen mit dem Messergriff lockerst du die Rinde und kannst sie bald vorsichtig abstreifen. Du mußt aufpassen, daß sie dabei nicht einreißt! Laß alles einige Tage trocknen. Dann kannst du in der Mitte des geschälten Holzteils eine Vertiefung schnitzen. Sie geht bis zur eingeritzten Markierung. Nun schneide einen kleinen Span für das Mundstück heraus. Bist du so weit? Dann schiebe die hohle Rinde wieder vorsichtig über das Holz ... Deine Pfeife ist jetzt vollendet. Probier sie.
Die Zeichnung zeigt noch eine andere Art des „Pfeifenbauens".

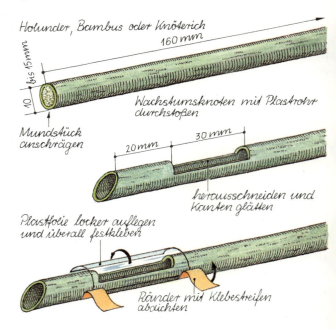

Hagebutten-Kette
Fädle frische Hagebutten auf und lasse sie an der Luft trocknen. Mit getrockneten Sonnenblumenkernen dazwischen kannst du die Kette zu einem richtigen Schmuckstück werden lassen.

Ein Männlein steht im Walde

Ein Männlein steht im Walde
ganz still und stumm,
es hat von lauter Purpur ein Mäntlein um.
Sagt, wer mag das Männlein sein,
das da steht im Wald allein
mit dem purpurroten Mäntelein?

Das Männlein steht im Walde
auf einem Bein
und hat auf seinem Haupte ein Käpplein klein.
Sagt, wer mag das Männlein sein,
das da steht auf einem Bein
mit dem kleinen schwarzen Käppelein?

Das Männlein dort auf einem Bein
mit seinem roten Mäntelein
und seinem schwarzen Käppelein
kann nur die Hagebutte sein!

Worte: *Heinrich Hoffmann von Fallersleben*
Melodie nach einem alten Volkslied

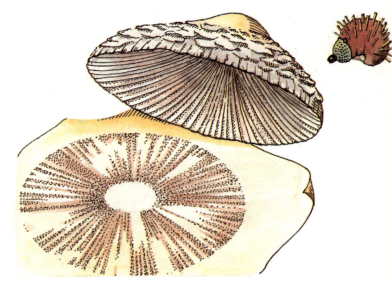

Das Pilzbild
Drücke vorsichtig den Hut eines älteren Lamellenpilzes, der aber noch einen glatten Rand besitzt, auf ein Blatt Papier. Nun darf der Pilz auf gar keinen Fall verrutschen. Stelle das ganze an einen warmen Platz. Am anderen Tag kannst du den Hut mit einem Ruck senkrecht nach oben abnehmen. Siehst du das feine Staubbild? Das sind die Sporen, die aus den Lamellen herausfielen. Banne sie mit Fixierspray auf das Papier, und fertig ist dein Pilzbild. Für Pilze mit weißen oder hellen Lamellen kannst du auch farbiges Papier als Unterlage nehmen. Diese Bastelei erfordert schon ein wenig Fingerspitzengefühl. Aber was beim ersten Mal vielleicht nicht gelingt, ist beim zweiten Mal bestimmt geworden.

Eichel-Unruhe
Eine Unruhe, die lustig schaukelt, kannst du auch aus Eicheln oder Eichelkäppchen basteln. Du brauchst dazu einen leichten,

verästelten Zweig ohne Blätter und Rinde, etwa fünf Eicheln oder Eichelkäppchen, Zwirn, Alleskleber und Klebestreifen.

Den Zweig befestige mit einem Bindfaden und Klebestreifen an der Tischplatte. Er muß frei herunterhängen.

Nun schneide fünf verschieden lange Zwirnsfäden zurecht und knüpfe jeweils an einem ihrer Enden einen breiten, dicken Knoten. Mit einem Tropfen Klebstoff drücke diesen Knoten auf die Eicheln oder Eichelkäppchen. Lasse alles ordentlich trocknen. Danach kannst du die freien Zwirnenden an den Zweig binden. Beginne außen rechts, dann außen links und dann in der Mitte. Achte auf das Gleichgewicht und auf unterschiedliche Höhen. Wenn du die Fäden nicht gleich ganz festknüpfst, kannst du sie immer noch ausgleichen. Zum Schluß schneide die Fadenenden ab und hänge den Zweig unter deine Zimmerlampe oder direkt an die Decke.

Eichelmännlein

Du brauchst dazu drei gleichlange Drahtstücke. Eines biegst du zur Hälfte zusammen für den Körper. Durch die Schlaufe schiebst du das zweite Stück für die Beine. Fädle die vorher durchlöcherten Eicheln auf. Biege an den Enden der „Beine" den Draht um, damit die Eicheln festsitzen. Wickle den Draht für die Arme oben um den „Körperdraht". Stecke Eicheln für die Arme auf. Biege die Drahtenden um. Auf den „Hals" stecke die dickste Eichel, sie soll noch ein Näpfchen haben, sozusagen als Mütze. Nun male noch ein lustiges Gesicht auf – fertig ist dein Eichelmännchen. Als Kopf könntest du auch eine Kastanie nehmen.

Eichelzweig

Wie wäre es, wenn du einmal die Eicheln so wachsen läßt, wie du es möchtest? Suche dir dazu einen starken, vielästigen Zweig. Spitze seine kleinen Ästchen an und setze darauf kleine angebohrte Eicheln, die du zuvor mit etwas Klebstoff betupft hast. Nun hast du einen Zweig, der auch im Winter den Treppenaufgang, den Korridor, die Küche oder auch dein Zimmer schmücken kann. Um die Weihnachtszeit kannst du ihn in ein Fichtengesteck mit einer Kerze stecken.

Herbstbild

Aus bunten Blättern, getrockneten Samenständen, Fruchtzweigen und Wurzeln lassen sich Bilder zaubern. Manche Samen, zum Beispiel die von Ringelblumen und auch vom Kürbis, kann man ebenfalls verwenden.

Suche dir als erstes einen alten Rahmen ohne Glas. Schneide dann für den Rahmen ein Stück Karton zurecht, das genau den Bilderrahmen ausfüllt. Beklebe die Pappe mit dunklem Papier. Nun lege dir aus allem, was du gesammelt hast, ein Bild zurecht und klebe es mit Alleskleber auf die Unterlage. Nach dem Trocknen passe das Bild in den Rahmen ein. Eine Blume entsteht so: Die Blütenblätter bilde aus Kürbiskernen, dazwischen füge Ringelblumensamen, Stengel und Blätter sind getrocknete Grasähren.

Blätterdruck

Mit Blättern kannst du drucken. Du brauchst dafür ein oder mehrere schöne getrocknete Blätter von deinem Lieblingsbaum. Je stärker sie geädert sind, desto dekorativer wird deine Druckarbeit werden. Außerdem benötigst du etwas Plakatfarbe, einen Pinsel und farbigen oder weißen Karton sowie ein Blatt Löschpapier.

Lege das Blatt auf einen Bogen Zeitungspapier und bemale es dick mit nicht zu nasser Farbe. Drehe es um und lege es mit der Farbseite vorsichtig auf den Karton. Mit dem Löschpapier kannst du es fest andrücken, ohne daß es verrutscht. Nimm das Löschpapier und das Blatt ab und laß alles trocknen. Erkennst du die feine Blattäderung und die schönen Blattränder? Auf diese Weise kannst du eine ganze Blattsammlung anfertigen, die den Klassenraum oder auch dein Zimmer schmückt. Beschrifte die Drucke mit dem Namen des Baumes, dessen Blatt du abgebildet hast. Mit zierlichen, sehr kleinen Blättern kannst du so Lesezeichen oder auch Glückwunschkarten bedrucken.

Blattskelett

Ein sehr schönes zartes Blattbild kannst du dir anfertigen, wenn du ein Kastanienblatt in einem flachen Tiegel mit Wasser kochst. Nach dem Abkühlen solltest du es vorsichtig ein wenig „putzen". Was übrigbleibt, ist ein weißliches Skelett, die Blattrippen, das, auf dunkles Papier geklebt, eine gelungene Überraschung sein kann. Mit kleineren Blättern von Sträuchern und anderen Baumarten kannst du auf diese Weise auch Lesezeichen und Glückwunschkarten basteln.

Mondgesichter-Kette

Kastanienketten kannst du für das Kinderfest auffädeln. Verwende aber am besten Angelsehne dafür, weil die Kastanien sehr schwer sind und ein dünner Wollfaden reißen würde. Wenn du sehr geschickt bist, kannst du vor dem Auffädeln lustige Mondgesichter in die Kastanien schnitzen. Als Haare kannst du Wollfäden ankleben.

Zum Zungebrechen und Raten

Abzählreim

Annele, Annele, Nuß, Nuß, Nuß!
Komm, mir wolln in die Haselnuß!
D Haselnuß ist no nit reif.
Komm, mir wolln ins Besenreis!
S Besenreis ist no nit reif.
Komm, mir wolln ins Bettle!
S Bettle, das ist no nit gemacht.
Komm, mir wolln in Taubenschlag!
Taube flieget aus und ein,
welches will der Täuberich sein?
I nit, du nit, du mußt es sein!

Esel essen Nesseln nicht,
Nesseln essen Esel nicht.

Es brennt Tag und Nacht
und verbrennt doch nie.
1

Welche Kerze brennt nie?
2

Welcher Zahn kann nicht beißen?
3

Es steht auf dem Rain,
hat den Busen voll Stein';
hat ein rotes Mäntelchen auf
und ein schwarzes Käppchen drauf.
4

Jahreslauf

Sind einmal die Blumen weg,
kommt die Zeit des Windes.
Drachen fliegen hoch und keck
zur Freude jedes Kindes.

Sind einmal die Wiesen weiß,
kommt die Zeit der Stille.
Wind spielt mit den Flocken leis,
Schnee wird bald zur Puderhülle.

Sind einmal die Fröste weg,
kommt die Zeit der Sonne.
Grün sprießt nun an jedem Fleck,
Bienen summen voller Wonne.

Elisabeth Manke

Auf der Wiese blühet was

Auf der Wiese blühet was,
leuchtend weiß im grünen Gras.
Es hat Blätter schmal und fein,
wird ein Gänseblümchen sein.

Lotte Schuffenhauer

Blinzelt aus dem grünen Gras

Blinzelt aus dem grünen Gras,
sagt mir mal: Was ist denn das?
Warte nur ein Weilchen:
Ja, das ist ein Veilchen!
Blumen blühn im grünen Gras.
Wenn es regnet, sind sie naß.

Diese Blumen blühen dicht.
Ja, das sind Vergißmeinnicht!
Blumen blühn im grünen Gras.
Wenn es regnet, sind sie naß.

Fritz Bachmann

Kinderreim

Storch, Storch, Schnibelschnabel
mit der langen Heugabel,
mit de lange Beine.
Tut die Sonne scheine,
stehst du auf dem Kirchendach,
klapperst, bis alles aufgewacht.

Bin ich fruchtlos, wird man bös,
Bin ich fruchtbar, krieg' ich Stöß'.
Ein jeder wirft nach mir den Stein:
Rate gut, wer mag ich sein?
5

Hoch vor dem Haus.
Groß wie 'ne Maus.
Weiß wie der Schnee.
Braun wie der Klee.
Dazu grün wie Gras –
Rat, was ist das?
6

Der arme Tropf
hat einen Hut und keinen Kopf.
Und hat dazu
nur einen Fuß und keinen Schuh.
7

Im Lenz erquick' ich dich,
im Sommer kühl' ich dich,
im Herbst ernähr' ich dich,
im Winter wärm' ich dich.
8

Rätselauflösung (1 bis 8) Seite 124

Rätsel-Lösungen

1 Die Brennessel
2 Die Königskerze
3 Der Löwenzahn
4 Die Hagebutte
5 Der Walnußbaum
6 Die Walnuß
7 Der Pilz
8 Der Baum

Wir hoffen, unser Buch gefällt dir, und du gehst mit offenen Augen durch Wald und Flur und freust dich an den Schätzen in der Natur.

Hast du alle Pflanzen auf den grünen Seiten am Anfang und Ende des Buches erkannt?
Hier kannst du dein Ergebnis vergleichen:

1 Sauerklee
2 Huflattich
3 Brennessel
4 Walderdbeere
5 Hopfen
6 Echte Kamille
7 Schlehe
8 Berberitze
9 Gänsefuß
10 Kornelkirsche
11 Spitzwegerich
12 Heidelbeere
13 Mispel
14 Weißdorn
15 Sanddorn
16 Eiche
17 Walnuß
18 Haselnuß
19 Buche
20 Heckenrose
21 Goldröhrling
22 Mahonie
23 Mehlbeere
24 Himbeere
25 Preiselbeere

Wir danken für die freundliche Vergabe der Nachdruckrechte:

Der Kinderbuchverlag Berlin (Rätsel S. 122/123, Pilzesuchen S. 96)
Dr. Fritz Bachmann (Blinzelt aus dem grünen Gras, S. 123)
Annette Thiem (Auf der Wiese blühet was, S. 123)
Herbert Keller (Unsre Heimat, S. 9)

Sachwortverzeichnis

Abzählreime 122
Ackerbrombeere 27
Ähre 44, 108
Anzeigepflanze 56, 108
Aromapflanze 68
Aronstab 40
Austernseitling 85
Baldrian 52
Bärenlauch 53
Beere 14, 108
Beeren-Sammel-
kalender 39
Beifuß 54
Beinwell 55
Berberitze 16
Besenheide 60
Bibernell 69
Biene 13
Bienenweide 13
Biotop 9, 108
Birkenpilz 86
Bitterstoffe 32
Bittersüßer Nacht-
schatten 46
Blattachseln 16
Blätterdruck 121
Blätter trocknen 18
Blattskelett 121
Blütenboden 58
Boden 21, 31
Botanisches ABC 108
Brennessel 56
Brombeere 17
Brunnenkresse 57
Brutplatz 11
Buche 98
Buchecker 98
buchtig 108
Butterpilz 84
Chlorophyll 6, 82, 108
Dolde 19, 26, 41, 69, 108
Dornen 108
Duftbeutel 115
Eberesche 19
Echte Kamille 58
Edeleberesche 19
Edelkastanie 101
Efeu 41
Eibe 42
Eiche 100
Eichel 100
Eichelmännlein 120
Eichel-Unruhe 119
Einbeere 42
einjährige Pflanze 77, 108
elliptisch-oval 108
Eßkastanie 101
Eule basteln 118
Feldkirsche 35
Feuer 8
fiederspaltig 54, 110
Frosch 8, 9
Frucht 14
Fruchtblatt 110
Fruchtboden 24
Fruchtknoten 110
Fruchtkörper 110
Fruchtmantel 42
Fruchtschale 105
Gallenröhrling 90, 94
Gänseblümchen 58
Gänsefuß 60
Gänsekraut 54
Gartenheidelbeere 22
Gedichte und Lieder 9, 12, 38, 116, 117, 119, 120, 122
gefiedert 110
Gefleckter Aronstab 40
gegenständig 110
Gehölz 24
– immergrünes 28
Geißblatt 43
gelappt 110
geschützte Natur 6
gezähnt 110
Giftpflanzen 40
Giftschlangen 10
Goldregen 43
Goldröhrling 87
Griffel 110
Grüner Knollenblätter-
pilz 95
Haftwurzeln 41, 110
Hagebutte 20
Hagebuttenkette 119
Halbschmarotzer 45, 110
Hallimasch 88
Haselnuß 103
Heckenkirsche 44
Heckenrose 20
Heidekraut 60
Heidelbeere 21

125

Herlitze 26
Himbeere 23
Hochblatt 40, 110
Hollerbusch 24
Holunder 24
Holunderpfeife 118
Hopfen 62
Hornstrauch 26
Huflattich 50, 62
Hülse 110
Hut 110
Igel basteln 117
immergrüne Pflanze 28, 110
Insekten 10
Insektenbestäubung 110
Kalmus 64
Kalmuswurzeln sammeln 64
Kamille, Echte 58
Karbolchampignon 95
Kastanienigel 117
Kastanienkörbchen 118
Katzenkraut 52
Katzensperre 11
Kelch 110
Kern 110
Klima 8
Knallerbse 44
Knollenblätterpilz 95
Kohlendioxid 7
Kolben 40, 110
Königskerze 65
Körbchen 111
Kornelkirsche 26
Kratzbeere 27

Krause Glucke 89
Kräuter 50
Kräuter-Sammelkalender 80
Kreuzotter 10
Kreuzung 111
Kronsbeere 32
Küstenschutzpflanze 33
Lamellen 84, 111
lanzettlich 111
Larve 104, 111
Liguster 44
Lippenblüte 74, 75
Lippenblütler 75, 111
Löffelkraut 66
Löwenzahn 67
Luftfeuchtigkeit 8
Mädesüß 68
Mahonie 28
Maiglöckchen 45
Manschette 87
Marone 90
Marone (Eßkastanie) 101
Maronen-Männlein 116
Mehlbeere 29, 38
Mehlfäßchen 38
Mispel 30
Mistel 45
Mondgesichterkette 122
Moosbeere 31
Myzel 82, 111
Nachtschatten 46
Nadelbaum 42
Narbe 111

Naturdenkmale 9
Naturlehrpfad 10
Naturschutz 9
Nektar 13, 111
nierenförmig 111
Nistquirl 12
Nuß 111
Nuß-Boot 116
Nüßchen 100
Obstgehölz 30
Pfaffenhütchen 47
Pfefferminze 50, 69
pfeilartig 111
Pfifferling 91
Pfifferling, Falscher 92
Pilzberatungsstelle 82
Pilzbild 119
Pilze 82
Pilze sammeln 82
Pilz-Sammelkalender 97
Pilzvergiftung 84
Pimpinelle 69
Pollen 13, 111
Pollenhöschen 13
Preiselbeere 32
Puppe 104, 111
Quendel 75
Rätsel 122, 123
Rispe 54, 111
Röhren 84, 112
Röhrling 87
Rosengewächs 36
Roßkastanie 101, 105
Rotkappe 92
Salbei 71

Salomonssiegel 49
Samennüßchen 42, 112
Sammelfrucht 18, 27, 31, 36, 112
Sammelkalender
– Beeren 39
– Kräuter 80
– Pilze 97
Sammelplätze für Beeren 14
Sanddorn 33
Sauerklee 72
Sauerstoff 6
Schafgarbe 72
Schalenobst 103, 112
Scheibenblüten 112
Scheinbeere 33, 44, 112
Scheinfrucht 29
Schlangenwurz 78
Schlehe 34
Schleier 87, 88, 112
Schließfrucht 101, 112
Schlingpflanze 62
Schlingstrauch 43
Schmarotzer 112
Schmetterlingsblüten 43, 112
Schneeball 47
Schote 112
Schwarzdorn 34
Seidelbast 48
Sonnenenergie 6
Spindelstrauch 47
Spitzwegerich 50, 73
Sporen 112

Sproß 112
Stacheln 112
Staubblätter 12, 112
Staude 52, 113
Stechpalme 48
Steinbeere 32
Steinfrucht 26, 37, 47, 48, 113
Steinpilz 93
Stempel 113
Storch 9
Symbiose 113
Taubnessel 74
Tollkirsche 49
Traube 16, 28, 32, 113
Trugdolde 19, 24, 47, 73, 113
Thymian 50, 75
unpaarig gefiedert 113
Veilchen 76
Veredlung 113
Vergiftungserscheinungen 40
Vitamin C 16, 19, 20, 29, 33, 66
Vögel 10
Vogel basteln 117
Vogelflug 11
Vogelkirsche 35
Vogelmiere 77
Vogelnest 11
Vogeltränke 12
Wald, Bedeutung 6
Waldbrand 8
Walderdbeere 36

Waldgeißblatt 43
Waldkirsche 35
Waldmännlein basteln 118
Walnuß 106
Wasser 6
Weidenkätzchen 13
Weihnachtsmännchen basteln 117
Weihnachtsnüsse 116
Weißdorn 37
Wetter 8
Wiesenchampignon 94
Wiesenknöterich 78
Wiesensalbei 71
Wiesenschaumkraut 79
Wilder Wermut 54
Windbestäuber 102, 113
Wildfrüchte 14
– sammeln 14
Wildkräuter 50
– aufbewahren 52
– sammeln 50
– trocknen 50
Wirtspflanze 45
Zapfen 24
Ziegenlippe 95
Zikade 80
Zungenblüten 59, 113
Zweiblatt-Schattenblume 49
zweijährige Pflanze 65, 113
Zwergstrauch 61
Zwieselbeere 35
Zwiebel 53, 113

Rezeptverzeichnis

Austernseitlinge, gedünstet 85
Baldrian-Schlaftinktur 53
Bärenlauch-Butter 53
Beifuß-Schmalz 55
Beinwell-Omelett 56
Berberitzen-Birnen-Kompott 17
Birkenpilz-Schnitzel 86
Birnen mit Kalmus 64
Brennesselsalat 57
Brombeerblättertee 18
Brombeeren mit Cornflakes 18
Brunnenkresse-Quark 58
Champignons in Milch 95
Eberesschen-Konfekt 20
Ebereschen-Rosinen 20
Erdbeermilch 37
Erdbeertee 37
Eßkastanien-Konfekt 102
Eßkastanien-Marmelade 102
Fliedersuppe 25
Früchteteemischung 37
Gänseblümchen-Gemüse 59
Gänsefuß-Suppe 60
Geeiste Himbeeren 24
Gezuckerte Mehlbeeren 29
Goldröhrling-Suppe 87

Hagebuttentee 21
Hallimasch-Soße 88
Haselnuß-Nougat 104
Heidelbeerschaum 22
Heidelbeerblättertee 22
Heidesirup 61
Himbeerblättertee 23
Holunderlimonade 25
Holundersaft 25
Holundersuppe 25
Hopfen-Omelett 62
Huflattichtee 63
Kandierte Kornelkirschen 27
Kandierte Veilchen 77
Knöterich-Kartoffel-Bällchen 79
Königskerzen-Öl 65
Kornelkirschen, kandierte 27
Kornelkirschen-Soße 27
Kratzbeeren-Milch 28
Kratzbeeren-Konfekt 28
Krause Glucke, gebraten 89
Kräuteressig 59
Kräuteröl 59
Kräutertee 32, 69
Löffelkraut-Butterbrot 66
Löwenzahn-Gemüse 68
Maronenragout im Kartoffelnest 91
Maronen trocknen 90
Mehlbeeren-Apfel-Gelee 30
Mehlbeeren, gezuckerte 29

Mint-Soße 69
Mispeln-Schlehen-Marmelade 31
Moosbeeren in Zucker 32
Muntermacher-Salat 67
Pfefferminztee 69
Pimpinelle-Gurkensalat 70
Preiselbeerkompott 32
Preiselbeermilch 33
Pudding mit Mädesüß 68
Rotkappe mit Hörnchen 93
Rührei mit Pfifferlingen 92
Salbeiblütenessig 71
Sanddornsaft 33, 34
Sauerklee-Wildkräuter-Salat 72
Schafgarbentee 73
Schlehenblüten-Nektar 34
Spitzwegerich-Spinat 74
Steinpilzgulasch 94
Taubnessel-Frühlings-Gemüse 75
Thymian-Füllung 76
Veilchen, kandierte 77
Vogelkirsch-Milchmix 36
Vogelmiere-Salat 78
Walnuß-Konfekt 107
Weißdorntrank 38
Wiesenschaumkraut-Käse 80
Wildkräuter
– einfrieren 50
– trocknen 50
Ziegenlippe-Buletten 96